재미있는 그리스 로마 신화 1권

THE MYTHS OF GREECE AND ROME

재미있는 그리스 로마 신화 1권

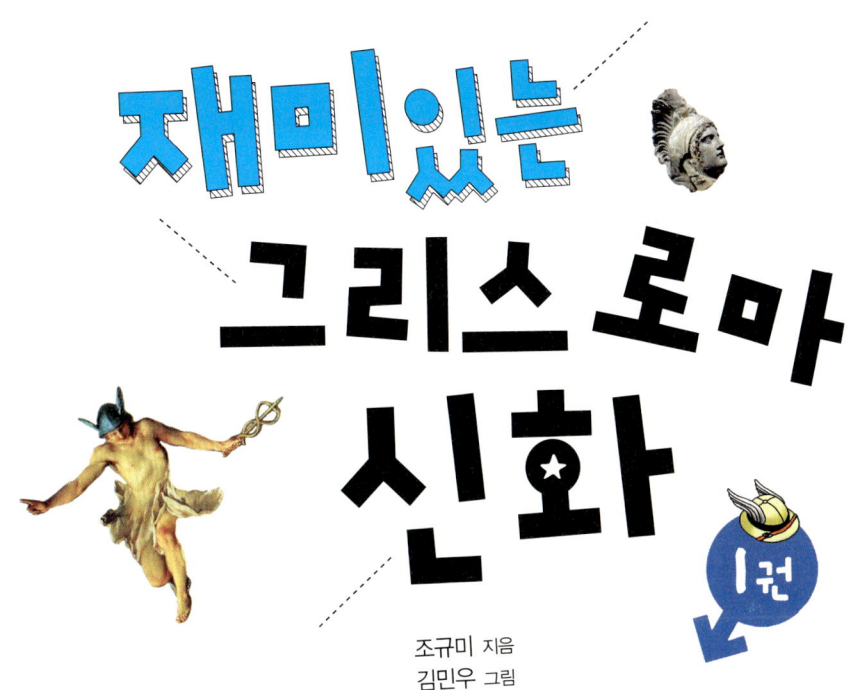

조규미 지음
김민우 그림

삼양미디어

왜 그리스 로마 신화를 읽어야 해요?

외국의 신화일 뿐인 그리스 로마 신화, 도대체 왜 읽으라고들 하는 걸까요? 왜 세계의 석학들과 유명한 작가들은 이 신화를 추천할까요? 왜 지식의 저장고이자 상상력의 원천이라고 말할까요?

첫째, 그리스 로마 신화는 서구 사람들과 서양 문화를 이해하는 가장 기초가 되는 자료입니다. 서양의 미술 작품을 비롯하여 문학, 음악, 공연에 이르기까지 그리스 로마 신화의 영향이 닿지 않은 곳이 없습니다. 그렇기 때문에 그리스 로마 신화를 알지 못하면, 이해가 아예 불가능한 경우도 많습니다. 신화를 아는지 모르는지 여부에 따라 작품 속의 상징을 볼 수 있기도 하고, 아예 보지 못하기도 합니다.

둘째, 그리스 로마 신화는 우리가 일상적으로 쓰는 달력에서부터 언어표현에까지 깊이 스며들어 있습니다. 익숙한 표현인 판도라의 상자, 이카로스의 날개 등은 그리스 로마 신화 속 이야기를 알고 있어야지만 설명과 이해가 가능한 표현입니다. 다양한 창작물에 자주 등장하는 스틱스 강이나 레테 강과 같은 그리스 로마 신화 속에 등장하는 지명이나 헤라, 카론, 케르베로스, 포세이돈 등의 신 이름이 함축적으로 담고 있는 성격과 느낌은 신화를 읽지 않고는 결코 이해할 수 없는 부분입니다.

셋째, 그리스 로마 신화의 영향은 과학과 심리학, 의학에까지 미쳐 있습니다. 밤하늘 별자리는 그리스 로마 신화로 가득한 그림책입니다. 그리스 로마 신화는 멀고 아득하게만 느껴지는 우주와 천체, 별자리를 아이들의 가슴 속까지 끌어다 줍니다. 조금만 더 자라면 듣게 되는, 오이디푸스 콤플렉스와 일렉트라 콤플렉스, 나르시시즘, 히프노시스 등과 같은 심리학 용어들 역시 그 뿌리는 그리스 로마 신화입니다. 그리스 로마 신화는 용어를 외우는 것이 아니라 이해하고, 개념을 잡을 수 있게 돕습니다.

　그리스 로마 신화 속에는 아이들이 좋아할 만한 신들의 초능력과 신비한 괴물, 야수, 짐승, 영웅, 마녀들이 넘쳐납니다. 이 신나는 요소들은 아이들에게 재미를 주기도 하지만 갇힌 공간 속 현실의 벽을 넘어 상상의 날개를 활짝 펼치고 모험을 떠날 수 있도록 도울 것입니다.

카오스 속에서 탄생한 조화로운 우주

모든 것을 삼키려 했던 시간의 신 **크로노스** _12
한때 세상은 우리 것이었지! 티탄 십이신 _ 20

하늘을 다스리는 올림포스 최고의 신 **제우스** _22
이제는 우리 세상! 올림포스 십이신 _ 32

바다의 모든 것을 다스리는 신 **포세이돈** _34
평온한 바다의 신, 네레우스와 그의 딸들 _ 42

누구도 간섭할 수 없는 지하세계의 외로운 왕 **하데스** _44
하데스가 다스리는 지하세계는 어떻게 생겼을까요? _ 52

올림포스 최고의 아이돌 **아폴론** _54
난 정말 대단해, 신보다 더! 신에게 도전한 인간들 _ 68

성실하게 노력했던 발명의 신 **헤파이스토스** _70
올림포스 최고의 발명가, 헤파이스토스의 놀라운 발명품 _ 80

동에 번쩍 서에 번쩍, 하는 일이 제일 많은 신 **헤르메스** _82
곤란하고 어려운 사건 전문, 헤르메스 탐정소 _ 90

환영받지 못하는 신 **아레스** _92
각 달에도 신들이 깃들어 있어요 _ 100

사건과 소동, 사랑과 미움의 중심 에로스 _102
에로스와 프시케의 사랑을 남긴 화가들 _ 114

축제와 술의 신 디오니소스 _116
아폴론과 디오니소스는 스타일이 달라 _ 124

하늘의 무게를 견디는 벌을 받은 자 아틀라스 _126
지명이 된 신화 속 인물들 _ 134

인간에 대한 사랑이 남달랐던 신 프로메테우스 _136
제우스의 기분을 상하게 하면 큰일이야! _ 144

하루의 절반을 책임지는 신 헬리오스 _146
부모를 거역한 신화 속의 인물은? _ 156

장난을 좋아하는 목동의 신 판 _158
우리가 없다면 더 곤란할걸? 명화 속 반인반수 _ 166

죽음과 삶의 선을 넘나들었던 의술의 신 아스클레피오스 _168
누가 진짜야? 같은 일을 하는 신 _ 174

세상의 바람을 조절하는 신 아네모이 _176
밤하늘에는 이야기가 가득! 별자리 이야기 _ 184

잔인한 운명, 영웅의 시작 페르세우스 _186
영웅들의 아버지, 제우스의 특별한 변신 _ 198

기원전 **20**세기 ▼ 기원전 **15**세기	기원전 **15**세기 ▼ 기원전 **12**세기	기원전 **8**세기
크레타 문명(미노아 문명) 에게 해 남부 크레타 섬에서 신화가 태어났습니다.	**미케네 문명** 신화는 그리스 본토로 옮겨가 더욱 발전합니다.	**2대 시인의 등장** • 호메로스 〈일리아드〉와 〈오디세이아〉 • 헤시오도스 〈신통기〉와 〈노동과 나날〉

구전문학으로 탄생해서 위대한 시인들에 의해 발전한 이야기

그리스 로마 신화는 크레타 문명에서 시작되어 미케네 문명을 거치며 사람들의 입에서 입으로 전해진 구전문학으로 호메로스와 헤시오도스라는 위대한 시인을 만나면서, 현재 우리가 읽고 즐길 수 있는 모습을 갖추게 되었습니다.

기원전 6세기 무렵에는 그리스 최고의 극장인 디오니소스극장이 건축되어, 신화를 재료로 무대극이 만들어지고 관객들을 찾아가게 되면서 더욱 많은 사람들에게 전해지게 되었지요. 기원전 4세기, 국력이 약해진 그리스는 마케도니아의 지배에 놓입니다. 당시 마케도니아의 왕은 그 유명한 알렉산더 대왕이었지요. 알렉산더 대왕의 원정과 함께 그리스 신화도 세계 각지로 퍼졌습니다. 그리고 그리스가 로마 제국에 흡수되면서, 로마가 가지고 있던 옛날 이야기들이 그리스 신화와 섞이게 되었고, 그리스 로마 신화가 완성되었습니다.

> 기원전 **6** 세기 무렵

> 기원전 **4** 세기 중반

> 기원전 **2** 세기 후반

비극시인들의 활약
- 아이스킬로스 〈오레스테이아 3부작〉
- 소포클레스 〈오이디푸스 왕〉과 〈안티고네〉
- 에우리피데스 〈메데이아〉와 〈엘렉트라〉

헬레니즘 시대
알렉산더 대왕에 의해 세계로 퍼져 나갔습니다.

로마 시대
오락성이 풍부한 문학작품으로 변해갔습니다.
- 베르길리우스 〈아이네이스〉
- 오비디우스 〈변신 이야기〉

오랜 시간을 거쳐 현대에 숨 쉬는 이야기

　로마제국이 멸망한 뒤로, 힘을 잃어가던 그리스 로마 신화는 14세기 이후 발생한 르네상스의 물결을 타고 이탈리아에서 유럽전역으로 확산되었으며 지금까지도 감탄을 자아내는 대단한 예술작품들로 되살아났습니다.

　그리스 로마 신화는 성경과 더불어 서구문명의 근간을 이루고 있습니다. 때문에 그리스 로마 신화를 소재로 한 다양한 그림과 조각을 비롯하여 연극과 문학, 영화, 건축물과 같은 많은 예술 작품이 창작되었습니다. 또한 일상에서도 별이나 꽃 이름, 회사 이름이나 상품 이름, 속담과 영어 표현을 포함한 다양한 분야에서 놀라울 정도로 활발하게 이용되고 있습니다. 지구 안에서는 물론 지구 밖 우주에까지 그리스 로마 신화는 뻗어 있는 것입니다.

Intro

카오스 속에서 탄생한 조화로운 우주

자, 이제 우리는 세상이 생겨났을 때의 이야기를 시작하려고 합니다. 세상이 생기기 전에는 어떤 상태였을까요? 우주나 하늘, 땅 같은 것은 있었을까요? 아니 그 모든 것들이 생기기 전의 세상은 어떤 상태였을까요?

고대 그리스 인들은 그 상태를 '카오스'라고 표현했습니다. 카오스(Chaos)란 그리스 어로 아주 큰 구멍이라는 뜻인데, 아무것도 만들어지지 않고 뒤죽박죽 섞여 있는 상태를 말합니다. 이 단어는 현재까지도 이어져, 요즘도 혼돈이나 무질서의 상태를 카오스라고 표현합니다.

카오스가 등장하면 꼭 함께 등장하는 말이 있습니다. 바로 코스모스(Cosmos)입니다. 혼돈의 세계인 카오스가 마침내 어떤 형태와 모양을 갖춘 그 무엇인가를 창조하게 되는데, 그것이 바로 코스모스랍니다. 코스모스는 그리스 어로 질서, 조화를 뜻하기도 합니다. 무질서인 카오스 속에서 질서인 코스모스가 만들어지는 것, 이것을 우주의 탄생이라고 볼 수도 있을 것입니다. 그래서 코스모스는 우주를 뜻하는 말이기도 합니다. 미국의 과학자 칼 세이건이 지은 우주에 관한 흥미로운 이야기를 담고 있는 책의 제목도 《코스모스》이지요.

 또한 우주와 현대 과학 속에는 고대 그리스와 로마의 신화가 많이 숨어 있습니다. 그럼 어디에 어떻게 신화 속 인물들과 이야기가 숨어 있는지 함께 찾아볼까요?

 코스모스가 탄생하면서 이 세상에 우주가 생겨난 다음으로 가 보겠습니다. 곧 땅과 하늘이 생기고 하늘에는 여러 신들이 살게 될 것입니다. 그럼, 지금부터 흥미진진한 신화 여행을 시작해 볼까요?

모든 것을 삼키려 했던 시간의 신
크로노스

세상의 탄생, 가이아와 우라노스

하늘이 먼저 생겨났을까요? 아니면 땅이 먼저 생겨났을까요? 고대 그리스 사람들은 땅이 먼저 생겨났다고 믿었습니다. 그래서 카오스에서 제일 먼저 땅의 여신인 가이아가 탄생했다고 믿습니다. 우주에 홀로 있던 가이아는 우라노스를 낳았는데 그가 바로 하늘의 신입니다. 그 후 가이아와 우라노스, 즉 땅과 하늘 사이에서 많은 자식들이 탄생했습니다.

이들 사이에서는 티탄 십이신이라 불리는 여섯 명의 남신과 여섯 명의 여신이 태어났습니다. 남신은 오케아노스, 코이오스, 히페리온, 크리오스, 이아페토스, 크로노스이고 여신은 테티스, 포이베, 테이아, 레아, 테미스, 므네모시네입니다. 이들은 하늘과 바다 등 각자의 영역을

크로노스 | 시간과 세월의 신 | 로마 이름 : 사투르누스 | 영어 이름 : 새턴 | 출신 : 올림포스 신 / 티탄 신 / 그 외 | 상징물 : 낫(스키테, 하르페, 반월도)

맡게 되었습니다.

그리고 키클롭스 삼 형제와 헤카톤케이르 삼 형제도 우라노스와 가이아 사이에서 태어났지요. 그런데 이들은 흉측하게 생긴 거인이었습니다. 키클롭스 삼 형제는 이마 중앙에 눈이 하나밖에 없었고, 헤카톤케이르 삼 형제는 백 개의 팔과 오십 개의 머리를 갖고 있었습니다.

우라노스는 그런 키클롭스 형제와 헤카톤케이르 형제를 매우 싫어했습니다. 생김새가 흉측한데다 성질까지 난폭했기 때문이지요. 그래서 땅 속 깊은 곳에 있는 지하 감옥인 타르타로스에 그들을 가두었습니다. 그러나 어머니인 가이아는 우라노스의 행동이 못마땅했습니다. 그래서 자식들과 함께 우라노스를 몰아낼 계획을 세웁니다.

조르조 바사리의 〈우라노스를 거세하는 크로노스〉

크로노스가 우라노스에게 '스키테'라는 거대한 낫을 겨누고 있어요. 우라노스는 크로노스에게 성기를 잘린 채 가이아와 크로노스에 쫓겨 하늘로 도망갑니다. 이때부터 하늘과 땅이 나뉘어졌다고 합니다.

노엘 쿠아펠의 〈새턴의 승리〉

그림 전체에서 승리의 기쁨이 느껴지지만 마차에 타고 있는 크로노스는 어쩐지 지쳐 보입니다.

가이아는 '스키테'라는 커다란 낫을 만들어 자식들에게 내밀면서 아버지를 치라고 하지요. 하지만 자식들은 서로 눈치를 보며 나서지 못하고 있었습니다. 그때 십이신 중 막내인 크로노스가 낫을 받아듭니다.

크로노스가 어머니인 가이아에게서 받은 커다란 낫을 들어 내리친 순간 우라노스의 피가 사방으로 튀었습니다. 그 피에서 복수의 여신인 에리니에스와 기간테스라는 거인들, 미의 여신 아프로디테가 태어났습니다. 그 후 우라노스는 힘을 잃고 왕의 자리를 크로노스에게 내주게 됩니다.

새로운 왕의 탄생

크로노스는 아버지인 우라노스의 뒤를 이어 신들의 왕이 되었습니다. 하지만 크로노스는 자식에 의해 공격을 당할 운명이라는 예언을 듣게 됩니다. 자식으로서 아버지를 공격한 경험이 있는 크로노스이니 당연히 불안할 수밖에 없었지요.

"내 자식이 나를 죽이고 내 자리를 차지할 거라고? 안 돼. 그렇게 되도록 내버려둘 수 없어!"

두려움에 떨었던 크로노스는 자식이 태어날 때마다 그 자식을 삼켜 버렸습니다. 크로노스의 부인은 티탄 십이신 중 하나이자 그의 누이이기도 한 레아였습니다. 아들 둘과 딸 셋 모두가 태어나자마자 크로노스의 뱃속으로 사라지자 레아는 무척 괴로웠습니다. 그래서 레아는 크로노스를 속이고 자식을 살려낼 결심을 하게 됩니다.

"이제 더 이상 참을 수 없어. 이번에 낳는 아기는 반드시 살려낼 거야."

그래서 레아는 여섯 번째 아기를 임신하자 크로노스의 눈을 피해 크레타 섬에 가서 아기를 낳았습니다. 그리고 섬에 있는 동굴 속에 아기를 숨긴 뒤 돌에 담요를 둘러 마치 아기인 양 크로노스에게 주었습니다.

"여기 있어요!"

크로노스는 전혀 의심하지 않고 돌이 아기인 줄 알고 꿀꺽 삼켜 버렸습니다.

아기는 크레타 섬에서 님프들의 보호를 받으며 무

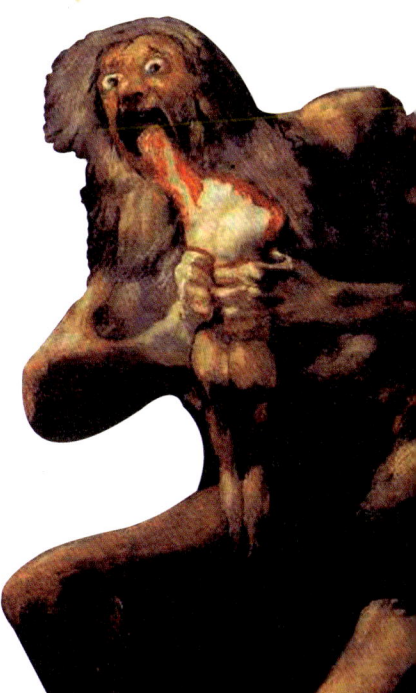

프란시스코 마야의 〈사투르누스〉
크로노스가 아이를 잡아먹고 있는 끔찍한 장면입니다. 고야는 '검은 그림의 화가'라고도 불리지요. 신화 속에서 크로노스는 아이를 꿀꺽 삼킵니다.

노엘 쿠아펠의 〈어린 제우스를 보살피는 큐벨레 요정들〉

아기 제우스를 돌보고 있는 이들은 사람처럼 보이지만 님프들입니다. 흥겨운 연주소리로 제우스의 울음소리를 덮어 들키지 않도록 하고 있어요.

럭무럭 자랐습니다. 님프들은 아기에게 어머니의 젖을 대신해 산양의 젖을 먹였고, 아기가 울 때는 춤을 추고 노래를 부르거나 창과 방패를 두드리며 요란한 소리를 내어 시끄러운 소리를 숨겼습니다. 이렇게 자란 아이가 바로 올림포스의 제왕, 제우스입니다.

제우스가 무럭무럭 자라는 사이, 세상 역시 많이 바뀌었습니다. 하늘과 땅으로부터 많은 것들이 생겨나기 시작하면서 인간과 짐승들이 제법 어울려 사는 모습을 갖추게 되었지요.

성인이 된 제우스

성장한 제우스는 자신이 누구인지 알게 되었습니다. 그리고 자신의 진짜 어머니의 어머니인 가이아를 찾아갑니다.

"할머니, 제발 제 형제들을 도울 방법을 알려 주세요!"

가이아는 제우스에게 크로노스로부터 형제들을 구할 방법을 알려주었습니다.

"크로노스는 의심이 많지. 먼저 그의 시중꾼이 되어 가까이 가도록 해라."

제우스는 가이아가 알려준 대로 크로노스의 술시중꾼이 되어 크로노스에게 접근한 뒤 토하는 약을 먹였습니다.

그러자 크로노스는 제일 먼저 제우스인 줄 알고 먹었던 돌을 토해내고 뒤이어 헤라와 헤스티아, 데메테르, 하데스, 포세이돈을 토해냈습니다. 이들은 제우스와 힘을 합쳐 크로노스와 티탄 신들을 물리치고 신들의 세계를 지배하게 되었습니다.

그럼 크로노스는 어찌 되었을까요? 제우스가 그를 땅 속 깊은 곳에 있는 타르타로스에 보냈다는 이야기도 있고, 세계의 끝으로 보냈다는 이야기도 있습니다. 어쨌든 우라노스와 크로노스가 차례로 왕좌에서 내려오고 제우스가 다스리기 시작하면서 올림포스 신들이 세상을 다스리는 시대가 시작되었습니다.

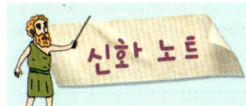

크로노스

1. 티탄 십이신 중 하나였던 크로노스는 하늘의 신인 우라노스와 대지의 여신인 가이아 사이에서 태어났습니다.
2. 아버지 우라노스를 쫓아내고 신들의 왕이 되었습니다.
3. 누이 레아와 결혼해 하데스, 포세이돈, 데메테르, 헤라, 헤스티아, 제우스를 낳았습니다.
4. 다른 티탄 신들과 함께 올림포스의 신들과 전쟁을 벌였습니다.

주기율표 속에 갇힌 신들!

1789년 독일의 화학자 클라프로트는 자신이 발견한 물질에 우라늄이라는 이름을 붙였습니다. **원소 번호 92번 우라늄(U)**은 천왕성인 '우라누스'에서 따온 이름이자, 그리스 로마 신화에서 제우스의 할아버지인 우라노스에게서 유래한 이름입니다.

사실 원소 이름에 신들의 이름이 붙은 건 그것만이 아닙니다. **원소 번호 93번** 물질은 해왕성 넵튠의 이름을 따서 **넵튜늄(Np)**, **원소 번호 94번**은 명왕성 플루토의 이름을 따서 **플루토늄(Pu)**이라는 이름을 갖고 있습니다.

죄인의 이름을 딴 원소

그런 경우는 신 외에도 있습니다. **41번 원소**인 **니오브(Nb)**는 자식 자랑을 과하게 했다가 여신 레토의 손에 아들 일곱과 딸 일곱을 잃은 신화 속 여인 니오베에게서 따왔습니다. 그리고 **73번 원소 탄탈(Ta)**은 신들을 시험한 죄로 영원한 굶주림과 목마름에 시달리는 형벌을 받은 탄탈로스에게서 따온 이름입니다.

그래도 어머니가 대지의 신이었다고!

'새터네일리아(Saturnalia)'는 지금의 크리스마스의 원형이었다고 전해지는 로마시대의 '농신제'를 뜻하는 영어 단어입니다. 이 단어에서도 우리는 '신'을 찾아낼 수 있습니다. 바로 새턴(Saturn)입니다. 로마인들은 크로노스를 사투르누스(Saturnus)라고 부르며 농경의 신으로 모셨고, 그를 위한 축제도 열었습니다.

아버지를 쫓아내고 아이들을 삼킨 신을 어째서 그렇게 모셨는지 이해하기 힘들 수도 있습니다. 하지만 크로노스의 상징인 낫은 대지의 여신인 가이아에게서 받은 것이지요. 그러니 농경의 신이 될 만한 자격은 충분하지 않을까요?

우주에서의 크로노스

우리가 토성(土星)이라고 부르는 태양으로부터 여섯 번째 행성, 새턴(Saturn)이라는 이름 역시 크로노스, 즉 사투르누스에서 유래했습니다. 그래서 토성의 수많은 위성에는 크로노스의 형제들인 티탄 신들의 이름이 붙여졌습니다. 이아페토스, 디오네, 테티스, 레아, 티탄 등이 모두 토성의 주변을 돌고 있는 위성입니다.

크로노스 19

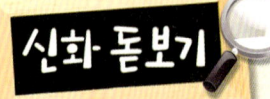

한때 세상은 우리 것이었지!
티탄 십이신

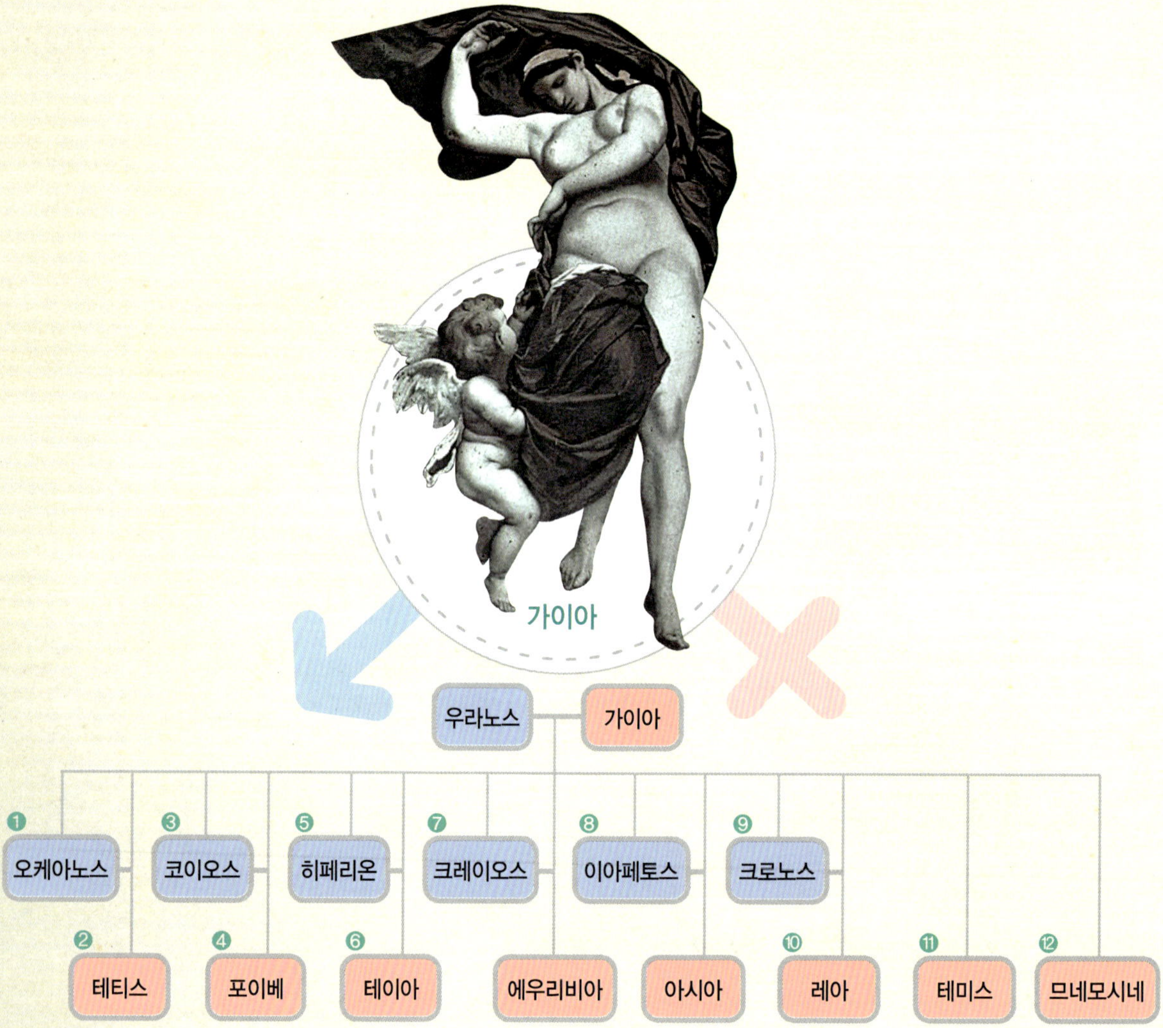

가이아

우라노스 — 가이아

- ❶ 오케아노스
- ❸ 코이오스
- ❺ 히페리온
- ❼ 크레이오스
- ❽ 이아페토스
- ❾ 크로노스
- ❷ 테티스
- ❹ 포이베
- ❻ 테이아
- 에우리비아
- ⑩ 아시아
- ⑪ 레아
- ⑫ 테미스
- 므네모시네

아주 먼 옛날, 온 세상은 티탄 십이신의 명령을 따르고 있었습니다. 올림포스 신들이 세상을 다스리기 전의 신들! 그럼 티탄 십이신을 만나 볼까요?

첫째가 바로 오케아노스입니다. 대양을 뜻하는 오션(Ocean)은 이 신의 이름에서 유래했습니다. 오케아노스는 티탄 십이신 중 하나인 테티스를 반려로 맞아 강의 신 삼천 형제와 강의 요정 삼천 자매를 낳았습니다. 지혜의 여신 메티스, 행운의 여신 튀케, 저승을 흐르는 강의 여신인 스틱스 같은 신들이 바로 그 자손들이지요.

둘째의 이름 코이오스는 '하늘 덮개'라는 뜻을 가지고 있습니다. 포이베와 결혼해서 아스테리아와 레토를 낳았지요. 포이베는 가이아와 테미스처럼 예언을 하고 신탁을 내릴 수 있었습니다.

셋째는 '높은 곳을 달리는 자'라는 뜻의 이름을 가진 히페리온입니다. 그는 테이아와 함께 태양신 헬리오스와 달의 여신 셀레네, 새벽의 여신 에오스의 부모님이 됩니다.

넷째는 크리오스. 에우리비아와 결혼해서 별들의 신인 아스트라이오스와 지혜의 신인 팔라스의 아버지가 됩니다.

다섯째인 이아페토스는 무척 중요한 존재입니다. 아시아와 함께 프로메테우스와 에피메테우스, 아틀라스를 세상에 내놓았기 때문이지요. 프로메테우스는 인간에게 불을 가져다 주었고, 아틀라스는 하늘을 지고 있는 자입니다.

그리고 크로노스. 우라노스를 몰아내고 신들의 지배자가 된 인물입니다. 레아를 아내로 맞아 하데스와 포세이돈, 헤스티아, 데메테르, 헤라, 제우스의 아버지가 되었습니다.

잔치와 예술을 주관한 무사이 여신들의 어머니인 므네모시네와 어떤 사물이나 사태를 접할 때마다 그것이 이치에 합당한 것인지 따지고 재판하는 일을 한 테미스가 티탄 십이신에 포함되어 있습니다. 므네모시네가 예술과 잔치를 위해 필수인 '기억력'이란 의미를 갖고 있고, '테미스'가 '이치'라는 뜻이니 둘에게 아주 딱맞는 일이었을 것입니다.

하늘을 다스리는 올림포스 최고의 신
제우스

티탄 신 vs 올림포스 신

제우스는 형제들과 함께 올림포스 산 꼭대기에 있는 신들의 궁전에 자리를 잡았습니다. 당시 오르튀스 산꼭대기에 있던 티탄 신들은 제우스와 형제들의 세력이 점점 커가는 것을 초조한 마음으로 지켜보고 있었지요.

세상의 주인이 둘이 될 수는 없는 법. 마침내 제우스는 티탄 신들과의 전쟁을 시작합니다. 이 전쟁을 그리스 어로 '티타노마키아'라고 하는데, 이는 '티탄들과의 싸움'이라는 뜻입니다. 하지만 티탄과 올림포스 신들의 싸움은 쉽게 끝이 나지를 않았습니다. 십 년이 넘도록 이어지자, 땅이자 만물의 어머니인 가이아는 전쟁에 신물이 났습니다. 그래서 제우스에게 승리할 수 있는 방법을 알려 줍니다.

제우스 천공의 신, 신들의 왕 | 로마 이름:유피테르 | 영어 이름:주피터 | 출신:올림포스 신/티탄 신/그 외 | 상징물:번개, 독수리

"타르타로스에 갇혀 있는 거인들을 네 편으로 만들면 승리할 수 있을 것이다."

그래서 제우스는 타르타로스에 갇혀 있던 키클롭스 형제와 헤카톤케이르 형제를 풀어주었습니다. 그들은 모두 올림포스 신의 편에 서서 싸웠지요. 뿐만 아니라 티탄의 신들 중에서도 레아와 스틱스, 스틱스의 자식들, 프로메테우스 등이 올림포스 신의 편을 들었습니다.

독수리와 번개를 들고 있는 제우스
번개와 독수리는 제우스를 나타내는 대표적인 상징물입니다.

특히 손재주가 뛰어났던 키클롭스 형제들은 헤파이스토스와 함께 올림포스 신들에게 각자의 능력에 맞는 무기를 만들어 주었습니다. 우선 제우스에게는 뭐든 잿더미로 만들 수 있는 번개를 만들어 주었습니다. 그리고 포세이돈에게는 삼지창을 만들어 주었는데, 그 삼지창은 커다란 포크 모양으로 구름과 비와 바람을 부를 수 있었으며, 삼지창을 휘두르는 것으로 파도를 마음대로 움직일 수 있었습니다. 하데스에게는 '퀴에네'라는 투구를 만들어 주었는데, 이 투구는 투구를 쓴 사람이 보이지 않게 만들어 주었습니다.

헤카톤케이르 삼 형제의 가장 큰 무기는 그들이 갖고 있는 삼백 개의 손이었습니다. 이 거인들은 거대한 바위를 집어 티탄 신족을 향해 멈추지 않고 던졌습니다. 그리고 그 위에서 제우스가 벼락을 내리쳤지요. 궁지에 몰린 티탄 신들은 어쩔 수 없이 항복했고, 제우스는 그들을

줄리오 로마노의 〈기간테스를 처벌하는 제우스〉

올림포스 신들과 기간테스가 한바탕 전쟁을 벌이고 있습니다. 기간테스와 싸워 이기고 티폰까지 물리친 올림포스 신들은 세상의 주인이 됩니다.

타르타로스에 가두고 헤카톤케이르 삼 형제에게 그 앞을 지키라고 하였습니다. 그리고 아틀라스에게는 어깨로 하늘을 떠받치는 벌을 주었지요.

기간테스와의 싸움, 기간토마키아

티탄 신들과의 처절한 싸움을 끝나고 올림포스에 평화가 찾아오는 듯 했습니다. 하지만 평화는 오래가지 않았지요. 이번에는 기간테스가 공격을 해왔습니다.

"도무지 하루도 평안한 날이 없구나!"

제우스와 올림포스의 신들은 투덜거렸습니다.

기간테스는 우라노스가 크로노스에게 공격 당했을 때, 그의 피가 대지의 여신인 가이아의 몸에 떨어지면서 생겼습니다. 몸집이 어마어마하게 크고 그 하반신은 뱀의 모양을 하고 있는 기간테스는 힘도 무척 세서 올림포스 신들이 힘을 합쳐도 물리칠 수 없었습니다.

사실 기간테스와의 싸움에 대해서는 특별한 예언이 있었습니다.

"기간테스는 신들만으로는 이길 수 없다. 인간을 같은 편으로 끌어들여야 이길 수 있을 것이다."

고심 끝에 제우스는 아들인 헤라클레스를 불렀습니다. 헤라클레스의 아버지는 제우스였지만, 어머니는 인간인 알크메네였기 때문에 신이 아닌 존재였던 것이지요. 헤라클레스는 기간테스에게 독화살을 쏘았고, 올림포스 신들만으로는 물리칠 수 없었던 기간테스는 그제야 힘을 잃었습니다.

그런데 이번에는 우라노스의 아내이자 대지의 여신이며 티탄 십이신의 어머니인 가이아가 올림포스 신들에게 싸움을 걸어왔습니다. 키클롭스 형제와 헤카톤케이르 형제를 풀어주고, 긴 전쟁을 끝내고 싶은 마음에 제우스와 올림포스 신들을 돕기는 했지만 자신의 자손들인 티탄 족들이 타르타로스에 갇히게 될 줄은 몰랐던 것이지요. 게다가 자신의 아이인 기간테스까지 올림포스의 신들에게 당하고 나니 단단히 화가 났습니다.

"제우스, 네 이놈! 내가 너를 반드

올림피아의 제우스 신전

시 혼내주고 말겠다!"

그래서 가이아는 땅 속 깊은 곳에 있는 암흑세계의 신, 타르타로스와의 사이에서 괴물 티폰을 낳았습니다. 티폰은 백 개나 되는 용의 머리를 가지고 있고, 하반신은 거대한 뱀의 모습이었으며 눈에서는 불을 내뿜는 엄청나게 큰 괴물이었습니다. 티폰이 지나가면 엄청난 바람과 폭풍우가 치면서 나무가 부러지고 땅이 흔들릴 정도였지요.

티폰과 제우스

티폰은 힘을 키워 제우스를 공격하기 시작했습니다. 제우스는 티폰이 심상치 않은 괴력을 가지고 있다는 것을 느끼고 먼저 번개로 티폰을 공격했답니다. 티폰이 번개에 맞자 제우스는 티폰을 쫓아갔고, 그 와중

티폰과 싸우는 제우스

에 제우스는 티폰의 꼬리에 맞아 부상을 당하고 맙니다. 티폰은 재빨리 제우스의 팔과 다리에 있는 힘줄을 끊어 아무도 모르는 곳에 숨기고 제우스를 동굴에 가둬 버렸습니다.

힘을 쓰지 못하고 갇혀 있던 제우스는 헤르메스를 불렀습니다.

"헤르메스, 내 힘줄을 찾아다오. 이대로는 도저히 움직일 수가 없구나."

헤르메스가 힘줄을 찾아다 준 덕분에 제우스는 곧 힘을 회복해 티폰을 공격할 수 있었습니다. 마침내 제우스가 티폰의 머리 위로 벼락을 쳐서 티폰

제우스 27

을 쓰러뜨렸습니다.

티탄 신들과 기간테스, 티폰까지 모두 물리친 제우스와 올림포스 신들은 마침내 세상의 주인이 되었습니다.

전쟁의 의미들

티탄 신들과 올림포스 신들의 전쟁은 어떤 의미를 담고 있는 것일까요? 역사가들은 이를 고대 그리스 인들이 현재의 그리스 영토에 침입하면서 원래 그곳에 살고 있던 원주민들이 모셨던 신들을 그리스 신들이 대신하게 된 것으로 설명합니다. 원주민들이 모시고 있던 신들이 티탄이고 그리스 민족이 숭상했던 신이 올림포스 신이었는데, 지배자인 그리스 사람들의 신들이 티탄 신들을 대신하게 되었다는 것입니다.

올림포스 신은 크로노스와 레아 사이에서 태어난 제우스와 포세이돈, 헤라, 데메테르, 헤스티아 외에 아테네, 헤파이스토스, 아레스, 아폴론, 아르테미스, 아프로디테, 헤르메스로 이루어졌습니다. 때때로 헤스티아 대신 디오니소스가 십이신에 들어가는 경우도 있습니다.

제우스는 자신의 형인 포세이돈, 하데스와 세계를 어떻게 나누어 다

장 오귀스트 도미니크 앵그르의 〈주피터와 테티스〉

티탄, 기간테스, 티폰을 물리치고 권좌에 오른 제우스를 당당하고 위엄 있습니다. 그림처럼 제우스는 항상 손에 홀을 들고, 독수리를 데리고 다닙니다. 전쟁을 할 때나 벌을 내릴 때의 제우스는 홀 대신 번개를 들곤 하지요.

카라바조의 〈주피터, 넵툰, 플루토〉

스릴지를 제비뽑기로 결정하였습니다. 제비뽑기 결과로 제우스가 하늘을 다스리고 포세이돈은 바다를 다스리며 하데스는 지하세계를 다스리게 되었습니다. 드디어 올림포스 신들이 세상을 지배하는 시대가 열린 것입니다.

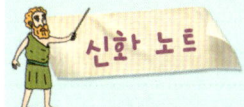 신화 노트

제우스

1. 신들의 왕이자 하늘을 다스리는 신입니다.
2. 구름, 비, 천둥, 번개를 마음대로 다루는 신통한 능력이 있습니다.
3. 키클롭스로부터 벼락을 치게 하는 번개창을 선물 받았습니다.
4. 제우스와 형제들은 키클롭스와 헤카톤케이르의 도움을 받아 티탄족을 물리쳤습니다.
5. 헤라클레스의 도움으로 거인족인 기간테스와의 전쟁에서 승리했습니다.
6. 괴물 티폰을 물리치고 드디어 올림포스의 최고신이 되었습니다.

티탄에서 따온 이름, 타이타닉

올림포스의 신들이 물리친 티탄 신들은 몸집이 아주 거대했습니다. 그래서 그들의 이름에서 유래한 '티탄(Titan)'이라는 단어에는 '엄청나게 크다'라는 뜻이 담겨 있습니다. 1911년 영국에서 만든 당시로서는 가장 큰 배였던 타이타닉은 티탄의 그 뜻을 가져와 배 이름을 지었습니다.

사상 최대의 해난사고

타이타닉을 만든 제작사나 소유주들은 이러한 규모와 시설에 정신이 팔려 비상시 필요한 구명 시스템에는 제대로 신경을 쓰지 못했습니다.

타이타닉은 영국 사우샘프턴 항에서 뉴욕 항으로의 첫 항해 중 빙하와 부딪혀 2시간 40분 만에 침몰하고 말았습니다. 사고 당시 구명보트와 조끼가 제대로 준비되어 있지 않아, 2,208명의 승객 중 1,513명이 희생되었습니다. 1997년, 제임스 캐머런 감독은 영화 《타이타닉》에서 그 사고를 재현했습니다.

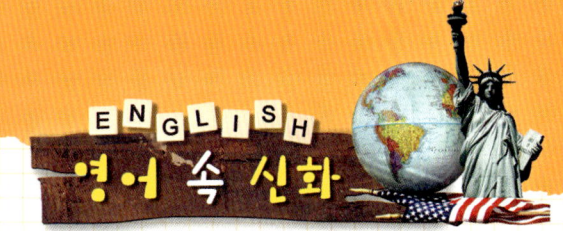

대단한 괴수 기간테스

거인을 뜻하는 '자이언트(Giant)'와 우리가 흔히들 쓰는 '기가바이트(Gigabyte)'라는 말은 사실 가이아와 우라노스의 자식인 기간테스에서 유래한 단어들입니다. 기간테스는 총 24명의 거인들인데, 기간테스는 힘이 셀 뿐 아니라 아주 사나웠습니다.

기간테스는 나중에 올림포스 신들과 전쟁을 벌이기도 합니다. 아무리 대단한 올림포스 신들이라도 기간테스와의 싸움에서 아주 고생을 하지요. 비슷한 말로는 아틀란틴(Atlantean)과 티탄(Titan)이 있습니다.

다음은 크기를 나타내는 단위입니다. '기가'가 얼마나 큰지 한 번 찾아보세요.

계량 접두사	기호	십의 거듭제곱	값
테라(tera)	T	10^{12}	일조(one trillion)
기가(giga)	G	10^{9}	십억(one billion)
메가(mega)	M	10^{6}	백만(one million)
킬로(kilo)	k	10^{3}	천(one thousand)
밀리(milli)	m	10^{-3}	천분의 일(one-thousandth)
마이크로(micro)	μ	10^{-6}	백만분의 일(one-millionth)
나노(nano)	n	10^{-9}	십억분의 일(one-billionth)

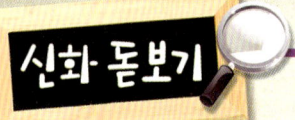

이제는 우리 세상! 올림포스 십이신

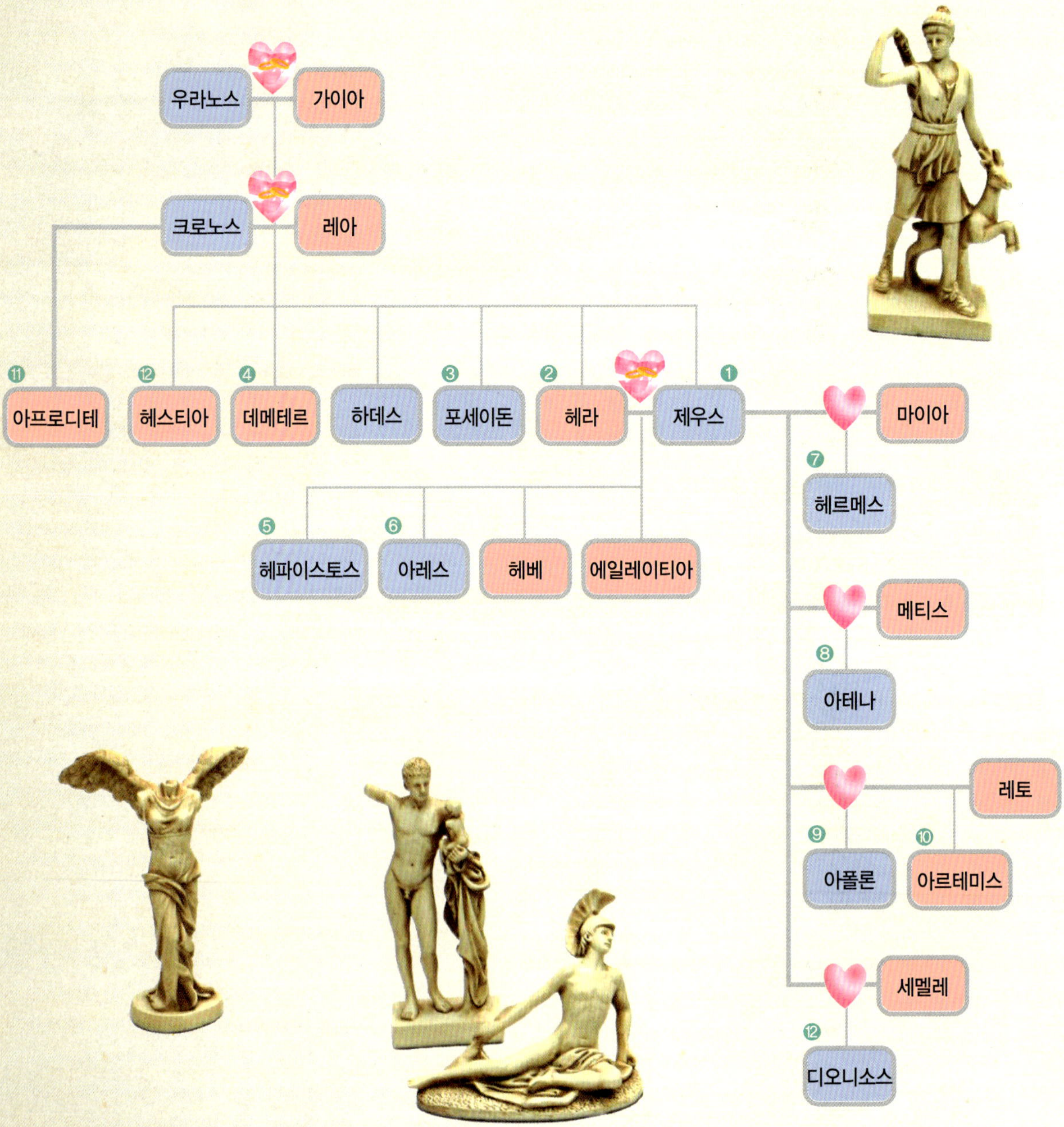

- 우라노스 ♥ 가이아
  - 크로노스 ♥ 레아
    - ⑪ 아프로디테
    - ⑫ 헤스티아
    - ④ 데메테르
    - 하데스
    - ③ 포세이돈
    - ② 헤라 ♥ 제우스 ①
      - ⑤ 헤파이스토스
      - ⑥ 아레스
      - 헤베
      - 에일레이티아
    - 제우스 ♥ 마이아
      - ⑦ 헤르메스
    - 제우스 ♥ 메티스
      - ⑧ 아테나
    - 제우스 ♥ 레토
      - ⑨ 아폴론
      - ⑩ 아르테미스
    - 제우스 ♥ 세멜레
      - ⑫ 디오니소스

올림포스 신들은 신비에 싸인 올림포스 산에서 신의 음식인 앰브로시아와 신의 음료수인 넥타르를 마시며 세상을 굽어보며 사랑도 하고, 질투도 하고 또 싸움도 하면서 살았지요. 이름을 일일이 거론하기도 힘들 만큼 수많은 신들 중에서도 가장 쟁쟁한 신들이 바로 올림포스 십이신입니다. 그들은 누구이며, 또 어떤 일을 하고, 어떤 힘을 가지고 있을까요? 자, 이제 올림포스 십이신을 만나 봅시다.

올림포스를 대표하는 신은 누가 뭐래도 제우스이지요. 구름과 비, 천둥과 번개를 다스리며, 번개 모양의 무기를 가지고 있습니다. 바다의 신 포세이돈은 삼지창을 가지고 다니며 바다를 다스립니다. 제우스의 부인인 헤라는 출산과 가정생활을 관장했습니다.

대지를 수호하고 곡식의 풍요를 관장하는 여신 데메테르 역시 올림포스 십이신 중 하나입니다. 평화를 사랑하는 여신 헤스티아는 가정의 중심인 화로를 수호하는 여신이지요. 제우스의 머리에서 태어난 아테나는 전쟁을 다스리고 지혜와 여러 기술을 관장하였습니다. 헤파이스토스는 손재주가 아주 좋아서 신들에게 필요한 물건을 무엇이든 훌륭하게 만들어 주었지요. 제우스와 헤라의 자식이랍니다. 헤파이스토스의 형제인 아레스 역시 올림포스 십이신입니다. 이 신은 난폭하고 피를 좋아했으며 전쟁을 좋아하였습니다.

제우스와 레토 사이에서 태어난 아폴론과 아르테미스 남매도 올림포스 십이신입니다. 아폴론은 의술과 음악을 담당했을 뿐만 아니라 태양을 관장했습니다. 달을 관장한 아르테미스는 난폭한 야수와 너른 들판과 숲을 누비는 사냥의 수호신이랍니다. 우라노스의 피에서 태어난 아프로디테는 사랑과 아름다움, 풍요의 여신입니다. 에로스의 어머니이기도 합니다. 헤르메스는 여행자의 수호신이며 신들 사이에서 전령 구실을 하는 신입니다. 누구보다 바쁜 존재지요. 또한 망자의 영혼을 저승의 강까지 데려다 주는 안내자이기도 합니다. 그리스 로마 신화를 보면 헤르메스가 곳곳에서 열심히 활약하는 것을 볼 수 있답니다.

포도와 술의 신인 디오니소스가 헤스티아 대신에 십이신의 자리에 끼기도 합니다.

바다의 모든 것을 다스리는 신
포세이돈

바다를 뒤흔드는 자, 포세이돈

올림포스 신들이 세상을 다스리면서 제우스와 포세이돈과 하데스는 각각 어느 곳을 맡아 다스릴지 결정했습니다. 그 때 포세이돈은 바다를 뽑아서 바다의 신이 되었습니다. 지하세계로 내려가 올림포스의 신들과 교류가 없었던 하데스와 달리 포세이돈은 올림포스 십이신에 낄 정도로 위세가 대단했습니다.

바다의 신이 된 포세이돈은 바다 속의 궁전에 살면서 황금 갈기와 청동 발굽을 가진 말들이 끄는 전차를 타고 바다 위를 휘젓고 다녔습니다. 포세이돈이 그의 이륜마차를 타고 바다 위를 달릴 때면, 바닷물도 바다의 신을 위해 잠잠해졌습니다.

뿐만 아니라 포세이돈은 바다의 날씨도 결정했습니다. 그래서 바다

포세이돈 | 바다의 신 | 로마 이름:넵투누스 | 영어 이름:넵튠 | 출신:올림포스 신/티탄 신/그 외 | 상징물:삼지창

를 항해하는 사람들은 포세이돈을 무척 두려워했지요. 그는 키클롭스로부터 받은 삼지창을 늘 들고 다녔는데, 그 삼지창으로 파도를 조절할 수 있었습니다. 그가 삼지창을 한 번 흔들면 큰 파도가 일어나고, 삼지창을 눕히면 파도가 가라앉았습니다. 때문에 그의 분노를 산 사람들은 항해에서 살아남기가 어려웠습니다.

아그놀로 브론치노의 〈넵튠의 모습을 한 안드레아 도리아의 초상〉

안드레아 도리아는 제노바 출신의 용맹한 해군제독입니다. 화가는 이 해군제독이 바다를 다스리는 포세이돈 신처럼 보였나 봅니다. 삼지창이 강력해 보이지요?

포세이돈을 성나게 해면?

포세이돈을 화나게 해 오랫동안 집으로 돌아가지 못하고 온갖 고생을 한 사람 중 가장 유명한 이가 바로 오디세우스랍니다.

오디세우스는 고향으로 돌아가던 길에 끝을 뾰족하게 깎은 몽둥이로 포세이돈의 아들인 폴리페모스의 눈을 찔러 멀게 만들고 말았습니다. 폴리페모스는 포세이돈에게 그의 복수를 해달라고 청했지요. 오디세우스가 한 일을 들은 포세이돈은 크게 화가 나 오디세우스가 십 년 동안이나 바다를 떠돌며 집에 돌아가지 못하게 했습니다.

한번은 포세이돈과 아테나가 그리스의 수도인 아테나이의 수호신 자리를 두고 겨룬 적이 있었습니다. 아테나는 아테나이를 위한 선물로 올리브나무를 준비했고, 포세이돈은 짠 물이 나오는 샘을 준비했지요. 이에 아테나이 시민과 올림포스 신들은 올리브나무가 더 유용한 선물이라며 아테나에게 수호신 자리를 주었습니다. 그러자 화가 난 포세이돈은 아테나이에 홍수를 일으켜 보복했습니다.

**세바스티아노 리치의
〈넵튠과 암피트리테〉**

포세이돈의 삼지창이 보이세요?
그 옆의 아름다운 여인은
그의 아내 암피트리테입니다.

포세이돈이 사랑한 여인들

포세이돈의 부인은 암피트리테라는 바다의 님프입니다. 그녀는 고요한 바다의 신 네레우스의 딸인 네레이스 중의 하나였지요. 포세이돈이 그녀에게 다가갔을 때, 암피트리테는 오히려 그를 피해 바다 깊숙한 곳에 숨었습니다. 그러나 포세이돈은 단념하지 않았지요.

"내 명령을 듣는 모든 바다 생물들아, 네레우스의 딸 암피트리테를 찾아라. 그리고 내게 암피트리테가 어디 있는지 알려다오."

포세이돈은 바다의 모든 동물들에게 그녀를 찾으라고 명령을 내렸습니다. 그리고 그녀를 찾아낸 동물은 영리한 돌고래였습니다. 돌고래 덕분에 암피트리테와 결혼할 수 있었던 포세이돈은 돌고래를 별자리로 만들어 고마움을 표시했답니다. 암피트리테는 나중에 반은 인간의 모습을 하고 반은 물고기의 모습을 한 트리톤이라는 아들을 낳았습니다. 트리톤은 아버지인 포세이돈을 늘 따라다녔답니다.

포세이돈은 미노스 왕의 딸인 에우리알레와도 사랑에 빠진 적이 있습니다. 둘 사이에서는 오리온이라는 거인사냥꾼이 태어났지요. 오리온은 아르테미스의 사랑을 받지만 아폴론은 아르테미스가 오리온을 사랑하는 것이 탐탁지 않았습니다. 그래서 아르테미스를 속여 그를 화살로 쏘아 죽이게 하지요.

포세이돈의 여인 중에는 메두사도 있습니다. 포세이돈과 메두사가 연인이었을 때만 해도 메두사는 아름다운 여인이었습니다. 두 사람은 아테나의 신전에서 만나 사랑을 나누곤 하였는데, 그 현장을 아테나에게 들키고 맙니다. 아테나는 포세이돈과 메두사가 자신의 신성한 신전을 더럽혔다고 생각하고 무섭게 화를 냈습니다.

"나의 소중한 신전을 더럽히다니! 결코 용서하지 않겠다."

트레비 분수
이탈리아 로마에 있는 트레비 분수에서 포세이돈과 그의 아들 트리톤을 찾을 수 있습니다.

아테나는 메두사에게 저주를 퍼부어 괴물로 만들어 버렸습니다. 메두사의 아름다운 머리카락은 뱀으로 변하였고, 입술을 길게 찢어졌으며, 눈을 앞으로 툭 튀어나오게 되었습니다.

말을 사랑한 신

포세이돈은 흔히 바다의 신으로 알려져 있지만, 지진의 신이기도 하며 말의 신이기도 합니다. 말을 유난히 사랑한 포세이돈은 말을 만든 신이며, 인간에게 승마 기술을 전하고 경마를 시작한 신이기도 하답니다.

포세이돈의 자식들 중에는 말도 있었습니다. 그중에는 하늘의 별이 된 페가수스도 있었습니다. 페가수스는 영웅 페르세우스가 메두사의 목을 쳤을 때 메두사의 피에서 태어났습니다. 그리고 아리온이라는 신

이탈리아 페스툼에 있는 포세이돈 신전

비로운 말도 포세이돈의 자식입니다. 포세이돈이 곡식의 여신인 데메테르를 좋아해 쫓아다닐 때였습니다. 그러나 포세이돈의 마음과 달리 데메테르는 그가 마음에 들지 않아 거절을 하다 끝내는 암말이 되어 도망갔지요. 그러자 포세이돈 역시 말로 변신하여 데메테르를 쫓아갔습니다. 이때 생겨난 자식이 아리온입니다.

포세이돈 역시 제우스만큼이나 바람둥이였습니다. 다만 포세이돈의 자식들은 제우스의 자식들과 달리 무시무시한 괴물이나 난폭한 거인이 많았습니다.

벨레로폰과 페가수스
페가수스의 덕분에 괴물 키마이라를 물리친 벨레로폰이 한껏 교만해져 하늘로 날아오르고 있습니다. 하지만 이런 그의 행동이 제우스의 분노를 사고 맙니다.

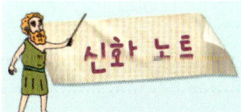

포세이돈

1. 크로노스와 레아의 아들로 올림포스 십이신 중 하나이며, 바다를 다스립니다.
2. 파도를 다스리고, 폭풍과 지진을 일으키며, 샘을 솟구치게 할 수 있습니다.
3. 바다의 님프인 네레이스인 암피트리테와 정식으로 결혼했습니다.
4. 페가수스, 폴리페모스, 트리톤, 오리온 등이 포세이돈의 자식들입니다.

로마 한복판에 포세이돈이?

이탈리아 로마의 한복판에 가면 바다의 신과 그의 아들이 서 있는 것을 볼 수 있습니다. 바다의 신답게 그 주변에는 물이 가득 고여 있답니다. 이곳이 바로 동전을 넣으면 다시 돌아오게 된다는 전설이 있는 트레비 분수입니다. 트레비 분수 중앙의 동상에는 포세이돈이 서 있고, 그 아래에는 그의 아들인 트리톤이 소라고둥을 불고 있습니다. 영화에도 소개되었을 정도로 유명한 이 분수에는 로마에 흠뻑 빠진 세계 각국의 여행자들이 동전을 던져 넣습니다.

분수의 진실

사실 이 분수를 만든 곳은 교황청입니다. 로마에 다시 오고픈 마음에 관광객들이 던져넣은 동전은 교황청 산하의 수녀원에서 정기적으로 수거해갑니다. 그리고 그 동전으로 어려운 사람들을 돕고 있지요.

Between Scylla and Charybdis

스킬라와 카리브디스 사이를 뜻하는 '비트윈 스킬라 앤드 카리브디스(Between Scylla and Charybdis)'는 '진퇴양난'을 의미하는 표현입니다. 여기서 스킬라와 카리브디스는 그리스 신화에 등장하는 무시무시한 바다 괴물로, 배를 난파시키고 사람들의 목숨을 빼앗아갔습니다. 스킬라(Scylla)는 원래 아름다운 님프였지만 마녀 키르케 때문에 흉측한 괴물로 변해 낭떠러지의 한쪽 끝에서 살게 되었습니다. 그 반대편에는 신의 음식인 앰브로시아와 넥타르를 먹은 죄로 하루에 세 번 바닷물을 마시고 토해내는 카리브디스(Charybdis)가 있습니다. 이 두 바다 괴물 때문에 많은 사람들이 희생되었습니다.

스킬라와 카리브디스 사이를 지나간 오디세우스

스킬라와 카리브디스 사이를 지나간 수많은 인물 중에는 오디세우스도 있었습니다. 한쪽에는 스킬라가 있어서 선원들의 생명이 위험하고, 그 반대편에는 카리브디스의 소용돌이가 있어서 배를 잃게 되는 상황이었지요. 이 둘 사이를 지나가야 했던 오디세우스는 고민 끝에 손해를 감수하고 배를 몰아 결국 고향에 도착합니다.

포세이돈 41

신화 돋보기

평온한 바다의 신, 네레우스와 그의 딸들

옛 그리스 사람들은 네레우스의 딸이 한 명이면 네레이스라고 부르고, 여러 명이면 네레이데스라는 이름으로 불렀습니다.

또 다른 바다의 신, 네레우스는 티탄 십이신 중 하나인 오케아노스의 딸 도리스와 결혼해서 아름다운 딸들을 낳았습니다. 사람들은 네레우스의 딸들이라는 뜻에서 그들을 네레이스라고 불렀습니다. 네레이스는 아버지처럼 마음씨가 고와서 바다에서 어려움을 겪는 사람들을 구해 주기도 하였습니다.

네레우스
나는 잔잔하고 평온한 그리스의 에게 해처럼 편안한 바다의 신입니다.

네레이데스
우리들은 바다에서 곤란해하는 사람들을 도와줘요. 그래서 해안 지방 사람들은 우리들을 좋아한답니다.

포세이돈과 영웅들
많은 영웅들이 네레이스와 결혼했어요. 폴리페모스가 사랑한 갈라테이아도, 아킬레스의 어머니 테티스도 네레이스지요. 물론 난폭한 바다의 왕인 나 포세이돈도 네레이스인 암피트리테와 결혼했습니다.

누구도 간섭할 수 없는 지하세계의 외로운 왕
하데스

죽은 자만을 상대하는 냉정한 신

하데스는 죽은 자의 세상을 다스리고, 죽음을 관장하는 신입니다. 또한 제우스, 포세이돈과 함께 티탄들과 싸웠던 신이며, 제우스가 하늘을, 포세이돈이 바다를 가졌듯 저승을 맡아서 지하세계의 왕이 된 신입니다. 다만 포세이돈이나 제우스와 달리 하데스는 지하세계에서 오래 머물며 평상시에는 모습을 드러내지도 않았습니다. 게다가 그의 형제와 조카들이 어울려 올림포스 십이신을 꾸렸을 때도, 그곳에 끼지 않았습니다.

하데스 저승의 신 | 로마 이름 : 플루토 | 영어 이름 : 플루토 | 출신 : 올림포스 신 / 티탄 신 / 그 외 | 상징물 : 퀴에네

고대 그리스인들은 하데스가 살고 있는 지하에 귀한 보석과 재물이 많이 있다고 믿었습니다. 그리스 사람들이 붙인 '플루톤'은 그리스 말로 '재물'이라는 뜻이었습니다. 이 해석이 마음에 들었던 것인지 사람들은 하데스를 '재물'이라는 뜻을 가진 '플루톤'이라는 이름으로도 불렀지요.

"하데스 신은 왜 통 세상에 나오지 않을까?"
"지키고 싶은 게 많은가 보지?"
"땅 밑에 그렇게 보물이 많이 묻혀 있대!"
"하데스가 아니라 플루톤이라고 불러야겠군!"

로마 사람들은 하데스를 아예 플루토라고 불렀습니다.

저승의 신이라고 하니 모습도 끔찍하고 성격도 흉폭할 것이라 생각할지 모르지만, 오히려 냉정한 편에 가까웠으며, 하데스가 화를 내는 경우는 오직 '죽음'과 관련되어 있는 경우였습니다. 하데스는 이승과 저승의 경계를 흐릿하게 하거나, 저승으로 올 때가 안 된 사람이 저승으로 건너오려고 할 경우에 화를 내고 엄격하게 다스렸지요. 그리고 하데스는 지하세계로 온 사람들이 이승으로 돌아가는 것을 허락하지 않았습니다. 일단 하데스의 지하세계에 발을 디딘 사람들은 하데스의 백성이 되어 그곳에서 영원히 살아야 했습니다.

— 퀴에네

메두사의 머리를 든 페르세우스
페르세우스는 메두사를 처치하러 갈 때 하데스의 퀴에네를 빌려 갔습니다. 몸이 보이지 않도록 해 주는 퀴에네 덕분에 페르세우스는 임무를 완수할 수 있었습니다.

그렇기 때문인지 하데스는 친구나 가족이 많지 않았습니다. 그도 그럴 것이 하데스의 세계에 놀러오면 누구든 돌아갈 길을 찾기가 아주 어려웠던 것입니다. 그런 하데스의 곁을 지키는 존재가 바로 카론과 케르베로스입니다.

하데스와 케르베로스

하데스에게는 멋진 투구, 퀴에네가 있습니다. 그런데 하데스를 등장시킨 예술 작품을 보면 퀴에네를 쓴 모습은 찾기 어렵습니다. 대개는 이 조각처럼 케르베로스와 함께 나타납니다.

저승세계를 담당하는 자

카론은 저승의 강에서 죽은 사람들을 실어 나르는 뱃사공입니다. 저승의 강은 비통의 강 아케론, 시름의 강 코키토스, 불의 강 플레게톤, 망각의 강 레테, 증오의

알렉산드르 리토브첸코의 〈망자의 영혼을 싣고 스틱스 강을 건너는 카론〉

강 스틱스로 나누어져 있습니다. 그리고 이 강을 건너야 하데스의 궁전으로 갈 수 있지요. 카론은 장례를 치른 사람, 그리고 통행료를 내는 사람만을 배에 태워 주기 때문에 고대 그리스에서는 장례를 치를 때 통행료로 쓸 수 있도록 죽은 사람의 입에 동전 한 닢을 꼭 물려 주었습니다.

케르베로스는 저승으로 들어가는 문을 지키는 개입니다. 이 개는 산 자는 저승 안으로 들어오지 못하도록 하고, 죽은 자는 바깥 세계로 나가지 못하도록 지키는 일을 했습니다. 하는 일 만큼이나 모습도 무시무시해서, 머리는 세 개나 되고 꼬리는 뱀 모양인데다, 목 주변에는 살아 움직이는 뱀 여러 마리가 꿈틀거리고 있습니다.

하데스의 사랑

어두운 지하세계에서 큰 소란 없이 살아가던 하데스에게도 사랑이 찾아옵니다. 에로스의 장난에서 시작된 것이긴 하지만 들판에서 꽃을 꺾고 있던 한 소녀에게 반하게 되었지요. 그 소녀는 곡식의 여신인 데메테르의 딸 페르세포네였습니다. 하데스는 첫눈에 반해 페르세포네를 안아들고 그대로 지하세계로 내려와 버립니다.

지하세계로 내려온 하데스는 자신의 팔 안에서 울고 있는 페르세포네를 보고 마음이 쓰였습니다. 따뜻한 햇볕 아래 푸르른 초원에 앉아 꽃을 꺽고 있던 페르세포네로서는 햇볕 한 줌 들지 않는 어두운 지하세계는 두렵기만 했습니다.

"제발 절 돌려 보내주세요."

페르세포네는 눈물을 흘리며 애원했습니다. 하데스는 페르세포네를

**프랑수아 페리에의
〈플루톤과 페르세포네 앞의 오르페우스〉**
페르세포네와 함께 오르페우스의 이야기를
듣는 하데스의 표정이 평화로워 보입니다.
하데스의 발 밑에는 케르베로스도
보입니다.

안심시키려 애썼지만 페르세포네는 음식도 거부한 채 울기만 했습니다. 하데스는 그런 페르세포네를 걱정스런 눈으로 바라보며 생각에 잠겼습니다.

지상의 사정도 페르세포네와 크게 다르지 않았습니다.

곡식의 여신인 데메테르는 딸이 납치당한 것을 알고는 딸을 찾아 헤매느라 제대로 일도 할 수 없게 되었지요. 그리고 마침내 딸이 하데스에게 가 있다는 것을 알고는, 딸을 데리고 나오려고 지하세계로 내려가 버렸습니다. 그러자 인간세계는 큰 혼란에 빠지고 말았습니다. 곡식의 여신이 인간계에 없으니 곡식이 영글지를 않았던 것이지요!

결국 제우스가 중재에 나섰습니다. 페르세포네를 지상으로 올려보내라고 제우스가 요청하자, 하데스는 순순히 제우스의 부탁을 들어주는 것 같았습니다. 그러나 사실 하데스는 다른 생각이 있었습니다. 페르세포네는 이미 지하세계의 음식을 먹었기 때문에 지하세계 사람이 되어 버렸던 것입니다. 결국 페르세포네는 언젠가는 지하세계로 돌아와야 했던 것이지요.

그 사실을 알게 된 데메테르는 그렇다면 지하세계로 따라가서라도 딸

과 계속 같이 있으려고 했습니다. 데메테르가 지하세계로 가
버리면 다시 인간세계는 혼란에 빠지게 될 것을
걱정한 제우스가 해결책을 내놓았습니다.
페르세포네가 일 년의 삼 분의 이는 땅
위에서, 나머지 삼 분의 일은 지하세계
에서 하데스와 함께 지내는 방법이었
습니다. 별다른 해결책이 없었던 셋은
그 제안을 받아들입니다.

하데스와
페르세포네

페르세포네에게 제대로 사랑을 고백하지
않고 멋대로 납치해 온 벌일까요? 하데스는 이후
로 내내 페르세포네에게 잡혀 살았습니다. 게다가 어쩐 일인지 자기 자
식을 보지도 못했습니다. 저승의 왕이자 죽음을 관장하는 일을 하는 하
데스가 새로운 생명을 탄생시킬 수는 없기 때문이라고 합니다.

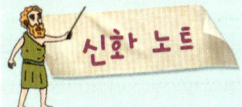

하데스

1. 크로노스와 레아의 아들로 형제인 제우스, 포세이돈과 함께 티탄을 물리치고 지하세계를 얻었습니다.
2. 저승의 왕으로 지하세계를 다스리며 죽음을 관장했습니다.
3. 저승의 강을 건너는 카론과 저승의 입구를 지키는 케르베로스를 데리고 있습니다.
4. 곡식의 여신인 데메테르의 딸 페르세포네를 납치해서 인간세계를 위기에 빠트리기도 했습니다.
5. 페르세포네에게 석류를 먹여 지하세계의 사람으로 만들었습니다.

너한테 이름을 빌려 줄 수 없어!

화성에게는 아레스가, 수성에게는 헤르메스가, 목성에게는 제우스가 이름을 빌려주고 있습니다. 다른 신들처럼 하데스는 명왕성에게 자신의 이름 플루토(Pluto)를 빌려주었습니다. 그리고 지하세계에서 빼놓을 수 없는 '카론'도 명왕성의 행성에게 이름을 빌려주었지요. 그런데 지난 2006년, 국제천문연맹은 다른 행성들과 함께 태양계의 일원이었던 명왕성을 태양계에서 내쫓았습니다.

왜소행성이 된 명왕성

하데스가 올림포스 신들과 조금 다르게 행동했던 것처럼, 명왕성 역시 다른 태양계 행성들과는 다른 점이 있었습니다. 명왕성은 다른 행성에 비해 질량이 작고, 궤도운동이 불안정하며, 중력도 약해서 명왕성 근처의 얼음덩어리 띠조차 끌어들이지를 못했던 것이지요. 욕심 없고 혼자 있기를 좋아했던 하데스와 성격이 닮기는 했지요? 하지만 이런 성격 때문에 명왕성은 행성의 지위를 빼앗기고 왜소행성으로 분류되었답니다.

신을 속이려고 하다니, 헛고생하지 마!

끝없는 헛고생을 의미하는 영어표현 '디스톤 오브 시서퍼스(The stone of Sisyphus)'의 시서퍼스(Sisyphus)는 신화에 나오는 코린도스의 왕 시시포스를 말하는데, 그는 무척 꾀가 많은 사람이었습니다. 시시포스의 꾀에 골탕을 먹었던 신들과 제우스는 화가 나서 죽음의 신 타나토스에게 시시포스를 데려가라고 합니다. 하지만 곧 시시포스를 지상으로 돌려보내야 했습니다. 왜냐하면, 시시포스가 저승에 가기 전에 아내에게 장례를 치르지 말라고 당부를 하고 간 덕분에, 저승의 강을 건널 수 없었기 때문이지요. 장례를 치르고 오겠다며 지상으로 올라온 시시포스는 아주 오랫동안 잘 살았습니다.

헛고생은 없어!

결국 시시포스에게도 죽음이 찾아왔고, 저승에 간 시시포스는 신들을 골탕 먹인 죄로 커다란 바위를 산꼭대기로 밀어 올리는 벌을 받았습니다. 이 바위는 산꼭대기에 다다르면 저절로 굴러 떨어졌지요. 여기에서 영감을 받아서 탄생한 작품이 소설가 알베르 까뮈의 《시시포스의 신화》입니다. 까뮈는 이 책에서 떨어진 바윗돌을 다시 정상으로 밀어 올리는 시시포스의 모습이 바로 인간의 본래 모습이라고 이야기합니다.

신화 돋보기

하데스가 다스리는 지하세계는 어떻게 생겼을까요?

엘리시안
겨울도, 폭풍우도 없이 일 년 내내 산뜻한 서풍이 부는, 선택받은 이들만이 가는 곳입니다.

에레보스
저승에 도착한 사람들이 하데스 궁전으로 향하는 관문입니다.

저승의 강
아케론 강, 코키토스 강, 플레게톤 강, 스틱스 강, 레테 강이 하데스의 궁전을 둘러싸고 흐릅니다.

하데스의 지하세계는 머나먼 서쪽 땅의 지하에 있다고 합니다. 죽은 사람이 그곳에 도착하면 평화만이 가득한 엘리시안 평원으로 갈지, 평범한 자들이 지내지는 아스포델로스 들판으로 갈지, 벌을 받아야 하는 타르타로스로 갈지가 나뉜다고 생각했다니, 예나 지금이나 사람들 생각은 비슷했나 봅니다.

올림포스 최고의 아이돌
아폴론

거대한 용 피톤과의 싸움

아폴론의 아버지는 제우스, 어머니는 레토이며 달과 사냥의 여신인 아르테미스는 그의 쌍둥이 누나입니다. 헤라는 레토가 낳은 아이가 올림포스 신들 가운데서도 대단한 권력을 가질 것이라는 예언을 듣고 레토가 아기를 낳지 못하도록 온갖 방해를 하였습니다. 먼저 커다란 용인 피톤을 보내 레토를 쫓아다니게 했고, 레토가 아기 낳을 장소를 찾지 못하도록 훼방을 놓았습니다. 피톤은 레토가 낳은 자식이 자신을 죽일 것이라는 가이아의 예언 때문에 레토가 아이를 낳기 전에 삼켜 버리려 했습니다.

갖은 고생 끝에 레토는 델로스 섬에서 쌍둥이를 출산하였습니다. 아르테미스가 먼저 태어나고 그 다음에 아폴론이 태어났지요. 아폴론은

아폴론 태양의 신 | 로마·영어 이름: 아폴로 | 출신: 올림포스 신/티탄 신/그 외 | 상징물: 리라, 월계관, 태양마차

태어난 지 나흘이 지나자 델포이로 가서 레토를 괴롭혔던 피톤을 활로 쏘아 죽였답니다. 이후 아폴론은 피톤이 지키던 신전을 차지하여 예언의 신으로서 인간들에게 신탁을 내렸습니다. 신탁이란

니오베의 자식들을 쏘는 아폴론

```
제우스 ─── 레토
  │         │
아폴론    아르테미스
  ┊         ┊
칼리오페   오르페우스
```

조지프 말로드 윌리엄 터너의 〈아폴로와 피톤〉

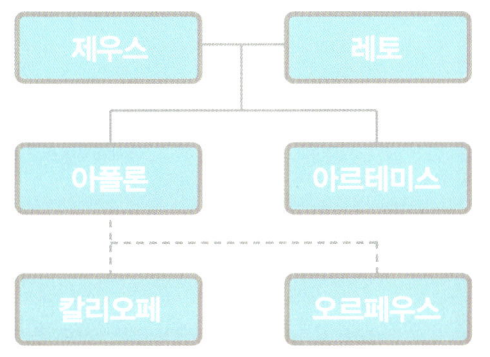

귀스타프 모로의
〈용 피톤을
처치하는 아폴로〉

인간이 자신이 해결할 수 없는 어려운 문제를 신에게 물어 해답을 구할 때, 신이 대답을 해 주는 것으로 당시 사람들은 아폴론의 신탁을 가장 권위 있는 신탁으로 여겼습니다.

아폴론은 그 외에도 태양의 신, 의술의 신, 음악의 신으로서 그리스 사람들의 존경과 찬양을 받았습니다.

마르시아스와의 연주 내기

음악의 신인 만큼 악기도 잘 다루었던 아폴론은 다른 이들과 연주 실력을 겨룬 적이 몇 번 있었습니다. 그 상대 중 하나는 마르시아스라는 사티로스였습니다. 사티로스는 상반신은 사람의 형상을 하고 하반신은 염소의 모습을 한 숲의 정령입니다.

마르시아스가 자신이 있었던 것은 피리였습니다. 사실 피리를 처음 만든 사람은 아테나 여신이었지만, 그 부는 모습이 흉하다는 생각에 버렸지요. 바로 그 피리를 주은 것이 마르시아스였습니다. 그는 피리 소리에 매혹되어 열심히 연습했습니다. 그리고 어느새 자신의 연주 실력에 자신만만해지다 못해 자만에 빠져 음악의 신인 아폴론에게 대결을 청했답니다.

"아폴론님, 제 피리 실력과 당신의 리라 연주 실력을 겨루어 보면 어떨까요?"

"좋다. 그 대신 네가 지면 어떤 형벌도 달게 받아야 할 것이다."

마르시아스는 아폴론의 말에 동의했습니다. 그리하여 둘은 한 차례씩 연주를 했지요. 하지만 승부가 나지 않았습니다. 그러자 아폴론이 각자의 악기를 거꾸로 쥐고 연주하자는 억지스런 제의를 하였습니다. 사실 아폴론은 단번에 마르시아스를 제압하지 못한 것에 기분이 상했던 것이지요. 아폴론의 리라는 거꾸로 쥐고도 연주를 할 수 있지만 피리는 거꾸로 쥐고 불 수 없으니 마르시아스가 패배할 수 밖에 없었습니다. 연주 경쟁에서 승리한 아폴론은 마르시아스를 나무에 묶은 채 가죽을 벗기라는 잔인한 형벌을 내립니다. 아폴론은 그리스 로마 신화 속 최고의 인기남이지만 이렇듯 냉정한 면이 있었습니다.

비극으로 끝나는 아폴론의 사랑

올림포스의 대표 미남인 아폴론은 신들은 물론 인간들 사이에서도 인기가 많았습니다. 그런 아폴론이다 보니 여러 사랑 이야기의 주인공이 되었지요. 그러나 대부분은 슬프고 불행한 끝을 맞았습니다.

그중에는 다프네와 아폴론의 이야기가 있습니다. 아폴론은 어느 날 사랑의 신, 에로스의 활솜씨를 조롱하지요.

"꼬마야, 활과 화살은 나같은 무사에게나 어울리는 것이란다. 나는 활과 화살로 무시무시한 용 피톤을 죽였지. 너는 사랑의 신이라지? 사랑이라면 활과 화살 대신에 다른 것을 택하려무나."

"당신이 피톤을 죽였다 해도, 제 화살을 피하지는 못할 겁니다."

화가 난 에로스는 아폴론을 골려주겠다고 마음을 먹고 맞으면 사랑에 빠지게 되는 금 화살을 아폴론의 심장에 쏘았습니다. 곧이어 강의 님프인 다프네에게는 상대를 미워하고 피하게 하는 납 화살을 쏘았지요.

금 화살을 맞은 아폴론은 다프네를 보는 순간 마음이 빼앗겨 열렬히 사랑을 호소했습니다. 하지만 납화살을 맞은 다프네는 도망가기 바빴지요. 다프네가 도망갈수록 아폴론은 죽을힘을 다해 다프네를 쫓아갔습니다.

테오도르의 샤세리오의 〈아폴로와 다프네〉

다프네가 월계수로 변하기 시작했습니다. 아폴론이 안타까움에 무릎 꿇고 괴로워하고 있네요.

예언의 신이었지만, 다프네를 쫓고 있는 순간에는 그의 예언할 수 있는 능력조차 힘을 쓰지 못했습니다. 아폴론은 오로지 다프네를 안고 싶다는 욕망이 이루어지기를, 다프네의 마음을 사로잡을 수 있기만을 바랐지요.

아폴론이 다가오면 다가올수록 다프네는 겁에 질렸습니다. 맹렬하게 쫓아오는 아폴론에게 잡히게 생긴 다프네는 아버지인 강의 신 페네이오스에게 자신을 다른 모습으로 변하게 해달라고 청했습니다.

"아버지, 제발 저를 도와주세요. 제발 제 몸을 바꿔 주세요. 저를 이토록 괴롭히는 이 아름다움을 모두 거두어가 주세요."

페네이오스는 그 청을 듣고 그녀를 월계수로 만들었습니다. 아폴론은 월계수로 변한 다프네를 껴안고 안타까워했지만 이미 늦었지요. 그래서 아폴론은 월계수를 자신의 나무로 삼고 그 후에도 월계수로 왕관과 화살통을 만들어 몸에 지니고 다녔습니다.

거짓말로 과분한 능력을 얻으려 한 카산드라

아폴론이 사랑한 여인 중에 카산드라라는 여인이 있었습니다. 카산드라는 트로이아의 프리아모스 왕과 헤카베 사이에서 태어난 공주로 매우 아름다웠습니다. 카산드라에게 반한 아폴론은 자신의 사랑을 받아달라고 카산드라에게 고백했지요.

그러나 카산드라는 아폴론을 사랑하지 않았습니다. 아폴론은 온갖 방법으로 카산드라의 사랑을 얻으려 하지만 매번 실패했습니다.

"카산드라, 도대체 어떻게 하면 내 사랑을 받아주겠소?"

아폴론이 너무 답답해 묻자 카산드라는 자신의 소원을 들어주면 아폴론을 사랑하겠다고 이야기합니다.

"제게 미래를 내다볼 수 있는 능력을 주세요. 그러면 당신을 사랑하겠어요."

아폴론은 그 말을 듣고 깜짝 놀랐습니다. 예언할 수 있는 능력은 신만이 지닐 수 있기 때문이었지요. 하지만 아폴론은 카산드라의 사랑을 얻기 위해 예언할 수 있는 능력을 주기로 합니다.

**솔로몬 조셉 솔로몬의
〈아이아스와 카산드라〉**

아테네 신전에 숨어 있던 카산드라가
그리스군의 장군 아이아스에게 잡혀 끌려갑니다.
그리고 아가멤논의 노예가 되어 그리스로
끌려갔다가 그의 부인에게 죽임을 당합니다.
자신의 사랑을 거부한 카산드라에게 아폴론은
너무나 가혹한 벌을 내렸군요.

아폴론이 어렵게 카산드라에게 예언능력을 주었지만, 카산드라는 약속을 지키지 않았습니다. 신들만의 것인 예언능력을 당돌하게 요구한 것만으로도 화가 나 있던 아폴론은 카산드라가 약속마저 지키지 않자 자신의 성급한 판단을 후회하게 되었습니다. 그리고 자존심도 상했지요. 아폴론은 한 가지 결심을 하고 카산드라에게 마지막 입맞춤을 청했습니다.

"카산드라, 당신의 마음을 얻기는 틀린 것 같소. 나는 이제 당신을 단념할 생각이오. 마지막 인사로 이별의 입맞춤을 하도록 허락해 주오."

카산드라는 뭔가 이상한 느낌이 들기는 했지만 마지막이기도 하고, 예언하는 능력을 준 것이 고맙기도 해서 입맞춤을 허락했습니다. 하지만 아폴론은 카산드라와 마지막으로 입맞춤을 하면서 그녀의 입술에서 설득력을 빼앗아 버렸습니다.

"카산드라, 너는 이제 오로지 비참하고 끔찍한 일만 예지할 것이다. 그리고 네 말을 믿는 이는 아무도 없을 것이다!"

아폴론은 카산드라의 예지능력을 빼앗는 대신에 저런 잔인한 저주를 걸고는 사라져 버렸습니다. 과연 아폴론이 준 능력은 대단하여 카산드라의 예지는 정확했지만, 모두 슬프고 힘든 일뿐이었습니다. 그리고 카산드라가 예지를 해도 사람들은 그 말을 믿어 주지 않았습니다.

"제 예언이 맞았잖아요! 제 예언은 정확해요!"

카산드라가 자신의 예언능력에 확신을 가지고 주장을 하면 할수록 사람들은 더욱 카산드라를 이상하게 생각하게 되었고,

게오르그 트라우트만의 〈불타는 트로이〉

마침내 카산드라가 미친 것 같다는 소문이 돌기 시작했습니다.

"곧 전쟁이 일어날 것입니다. 대비를 해야 해요!"

카산드라는 트로이아 전쟁이 일어날 것이라는 예언을 하고 사람들에게 경고했습니다. 하지만 아무도 믿지를 않았지요. 전쟁이 일어난 뒤에도 마찬가지였습니다.

"그리스 군의 선물을 믿어서는 안 됩니다. 저 선물을 들여놓아서는 안 돼요!"

카산드라는 그리스의 선물인 목마가 재앙을 불러올 것이라며, 성 안으로 들여놓지 말자고 했지만, 사람들은 오히려 카산드라를 비웃었습니다. 그리고는 성곽까지 일부 무너뜨리고 목마를 안으로 들였지요. 결국 트로이아는 목마 속에 숨어 있다가 한밤중에 빠져나와 성을 점령해 버린 그리스 군대의 손에 멸망하고 말지요. 또한 카산드라 역시 포로로 끌려가 괴롭고 끔찍한 최후를 맞게 되었습니다.

한 가지를 잊었던 시빌레

아폴론은 시빌레라는 아가씨와 사랑에 빠지게 되었습니다. 하지만 시빌레는 아폴론과 달리 아폴론을 뜨겁게 사랑하지 않았지요. 그래서 아폴론은 시빌레가 자기를 좀 더 좋아했으면 하는 마음에 말했습니다.

"시빌레, 소원을 하나 말해 보시오. 그 소원을 들어주리다. 대신 나를 사랑해 주시오."

그 말을 들은 시빌레는 손에 모래 한 움큼을 쥐고 말했습니다.

"제가 이 모래알의 수만큼 나이를 먹어도 살 수 있게 해 주세요."

그 정도야 아폴론에게 어려운 일이 아니었지요. 아폴론은 시빌레의

**미켈란젤로의
시스티나 성당 천장화 중**

미켈란젤로가 바티칸의 시스티나
성당 천장에 그린 시빌레입니다.
젊었을 때의 모습, 중년의 모습,
노년의 모습을 담고 있습니다.

아폴론 63

소원을 들어 주었습니다. 하지만 소원이 이루어진 것을 안 시빌레는 아폴론을 사랑하겠다는 약속을 지키지 않았습니다. 아폴론은 그런 시빌레가 아주 괘씸했습니다. 그래서 시빌레가 빌었던 소원에 함정이 있는 것을 알면서도 아무 말도 해 주지 않았지요. 그 함정이란 간단했습니다. 시빌레는 오래 살게 해달라고 빌었을 뿐, 젊은 모습으로 오래 살게 해달라고는 하지 않았던 것입니다.

'시빌레, 인간의 몸으로 천 년을 살아 보려무나.'

아폴론은 시빌레가 그대로 늙도록 내버려 두었습니다. 백 년, 이백 년, 삼백 년……. 세월은 빠르게 흘러갔고, 어느덧 시빌레는 바싹 늙은 노파가 되었습니다. 보통의 사람들보다 한참 긴 세월을 산 시벨레는 어느새 아주 대단한 예언가가 되었습니다.

시빌레의 나이가 칠백 살을 넘었을 때, 시빌레는 트로이아 전쟁을 마치고 집으로 돌아가는 트로이아의 장군, 아이네이아스를 도와줍니다. 아이네이아스가 저승으로 가는 모험을 할 때, 그의 아버지인 안키세스의 영혼을 만날 수 있도록 도와준 것이지요. 아이네이아스는 특별한 능력을 가진 시빌레에게 감사를 표했습니다.

"당신을 위한 신전을 짓겠습니다. 그리고 제물을 바치며 당신을 경배하겠습니다."

하지만 시빌레는 손을 저으며 말했지요.

"저는 인간일 뿐입니다. 신전 같은 것을 지을 필요 없어요. 아폴론 신으로부터 모래알같이 많은 삶을 얻었으나 젊음을 달라는 말을 잊었죠. 지금까지 칠백 년을 살았지만 이제 삼백 년을 더 살아야 합니다. 이제 내 몸은 점점 늙어 쪼그라들 것이고, 나중에는 목소리만 남게 될 것입니다."

시빌레의 말처럼 세월이 흐르고 흘러 시빌레의 몸은 늙고 쪼그라들었습니다. 작아진 시빌레의 몸은 병에 담길 정도가 되었습니다. 사람들은 그 병을 어느 동굴의 천장에 매달아서 사람들 발에 채이지 않게 했지요. 시빌레는 동굴 속 그 병 안에서 두고두고 자신의 실수를 후회했다고 합니다.

아폴론은 아름다운 소년 히아킨토스를 아껴 가까이 두기도 했습니다. 하지만 이 소년 역시 우연한 사고로 목숨을 잃고 말았지요. 빛과 태양, 예술과 예언, 의술, 궁술, 시와 음악 등의 신이었던 아폴론은 합리적이고 이성적인 가치를 가진 신이었습니다. 아름다운 얼굴과 몸, 놀라운 능력을 가지고 있어 많은 사랑을 받았지만, 정작 아폴론이 사랑을 바쳤을 때는 그 결말이 슬픈 경우가 많았습니다.

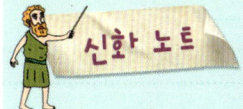

아폴론

1. 태양의 신이자 예술과 의술, 음악, 전원, 예언의 신입니다.
2. 제우스와 레토의 아들이며, 아르테미스의 쌍둥이 남동생입니다.
3. 테미스가 관리하던 델포이 신전을 맡아 관리하면서 인간들에게 신탁을 내렸습니다.
4. 다프네가 변신한 월계수는 아폴론을 대표하는 식물이 되었습니다.
5. 제우스로부터 황금관, 리라, 백조들이 끄는 마차를 선물 받았습니다.
6. 아폴론은 '빛나는 자'라는 뜻을 가진 '포이보스'로도 불립니다.

달을 향한 아폴로 프로젝트

1969년 7월 20일, 인류는 달에 첫 번째 발자국을 남겼습니다. 바로 미국의 아폴로 11호가 달 착륙에 성공하면서였습니다. 닐 암스트롱을 비롯한 3명의 우주비행사가 달에 착륙하는 순간은 TV 중계를 통해 전 세계인에게 전해졌지요. 아폴로 11호의 발사에서부터 지구로 돌아오기까지 총 195시간 18분의 우주비행은 사실 '아폴로 프로젝트'라는 거대한 계획의 일부였습니다. 아폴로 11호 이후에도 5차례나 더 우주비행선은 달로 향했으며, 암석을 채취하고 다양한 실험장치를 달에 설치했답니다.

아폴로 프로젝트의 역사

사실 아폴로 비행선은 1호부터 있었습니다. 아폴로 1호는 사람이 탄 첫 번째 우주비행선이었습니다. 하지만 훈련 중 사고가 일어나면서 달에 가 보지도 못한 채 유능한 우주비행사들마저 목숨을 잃고 말았지요. 때문에 아폴로 프로젝트는 잠정 중단되기도 했습니다. 하지만 그 이후에도 용기를 잃지 않고 꾸준히 노력하여 지구 밖으로, 우주로, 달의 근처로 다가갔던 것이지요. 한때는 40만 명의 인원이 동원되기도 했던 이 프로젝트에는 한국 항공우주공학자 중 박철 박사님도 참여했습니다.

승리의 상징, laurel

'레스트 온 유어 로럴스(rest on your laurels)'는 '이미 얻은 당신의 승리나 명예에 만족하다' 즉, '더 이상 노력하지 않다' 라는 뜻의 영어표현입니다. 여기서 눈여겨보아야 할 것은 월계수 혹은 월계관을 뜻하는 'laurel' 이랍니다. 월계수는 리라와 함께 아폴론의 상징입니다. 또한 월계관은 승리를 상징하기도 합니다. 그것은 아폴론이 다프네가 월계수 나무로 변한 뒤 그 나뭇잎으로 관을 만들어 썼으며, 나중에는 각종 경기에서 이긴 사람들에게 월계수로 만든 관을 씌어주며 승리를 축하한 데서 온 것입니다.

rest on your laurel

아폴론의 상징물이 승리나 명예의 의미를 가지고 있기 때문인지 중요한 일에서 아폴론의 이름을 사용하는 경우도 있었습니다. 그중 가장 유명한 것은 아마도 '아폴로 계획' 일 것입니다. 1969년 7월 20일, 드디어 인류가 달에 첫 걸음을 내디뎠습니다. 닐 암스트롱을 비롯한 세 명의 우주인이 아폴로 11호를 타고 달에 착륙하는 역사적인 순간은 전 세계에 텔레비전을 통해 중계되었지요. 아폴로 계획을 통해 미국은 인간을 달에 착륙시킨 후 무사히 지구로 귀환시키는 데 '성공' 했답니다.

신화 돋보기

난 정말 대단해, 신보다도 더!
신에게 도전한 인간들

살모네우스

살모네의 왕인 그는 신들의 왕인 제우스처럼 분장을 하고는 제우스의 번개를 흉내 내어 횃불을 하늘에 던지고, 제우스보다 자신이 대단하다고 공언했습니다. 그의 행동과 언행을 본 제우스는 크게 분노해 살모네우스에게 번개를 던져 죽였습니다.

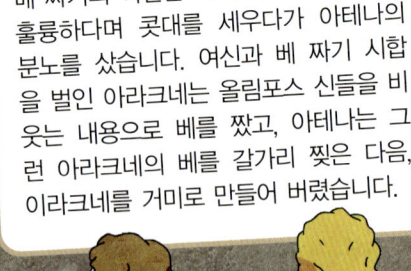

아라크네

베 짜기의 여신인 아테나보다 자신이 더 훌륭하다며 콧대를 세우다가 아테나의 분노를 샀습니다. 여신과 베 짜기 시합을 벌인 아라크네는 올림포스 신들을 비웃는 내용으로 베를 짰고, 아테나는 그런 아라크네의 베를 갈가리 찢은 다음, 아라크네를 거미로 만들어 버렸습니다.

그리스 로마 신화 중에는 신과 경쟁하여 이기려고 했거나, 신을 골탕 먹이려고 했다가 화를 입은 이들이 많습니다. 자신의 훌륭한 피리 연주 솜씨에 우쭐해져서 아폴론에게 연주대결을 청했다가 화를 입은 마르시아스처럼 신들에게 비슷한 과오를 저질러 벌을 받은 인물을 알아볼까요?.

탄탈로스

탄탈로스는 신들이 과연 얼마나 똑똑한지 시험해 보고자 했습니다. 그래서 음식을 대접하겠다고 부른 신들에게 자신의 아들 펠롭스를 요리하여 내놓았습니다. 신들은 탄탈로스의 오만에 격노해 눈앞에 과일과 물이 있지만 먹을 수 없는 영원한 굶주림과 갈증에 시달리는 벌을 내렸습니다.

니오베

탄탈로스의 딸인 니오베는 정말 아름답고 사랑스러운 자식들을 열넷이나 두고 있었습니다. 자신의 아이들이 너무나 사랑스럽고 자랑스러웠던 나머지, 아폴론과 아르테미스의 어머니인 레토보다 자신이 더 대단하다고 말하며 레토를 비웃었답니다. 그 이야기를 듣고 화가 난 레토와 아폴론, 아르테미스는 니오베가 보는 앞에서 그 아이들을 모두 쏘아 죽였습니다. 그 장면을 지켜봐야 했던 니오베는 피눈물을 흘리다 그대로 돌이 되었습니다.

성실하게 노력했던 발명의 신
헤파이스토스

천재 발명가의 탄생

올림포스 신 중 가장 재주꾼인 헤파이스토스는 신들의 여왕 헤라의 자식입니다. 그것은 아주 확실하게 밝혀져 있습니다. 하지만 아버지는 확실하지가 않지요. 제우스라는 이야기도 있고 아버지 없이 헤라가 혼자 만들어 낳았다는 이야기도 있습니다. 헤파이스토스는 잘생기고 아름다운 올림포스 신들과는 다르게 추남이고 절름발이였습니다. 그가 절름발이가 된 이유에 대해서는 두 가지 이야기가 전해지고 있습니다.

하나는 태어나면서 절름발이였기 때문에 그것을 못마땅하게 여겼던 헤라가 헤파이스토스를 올림포스 산에서 아래 세상으로 떨어뜨려 버렸다는 것입니다. 이 가여운 아기를 바다의 여신 테티스가 구출해 바다 깊은 곳에 있는 동굴에서 길러준 덕분에 장성한 헤파이스토스가 올림

헤파이스토스 대장간의 신, 불의 신 | 로마 이름: 불카노스 | 영어 이름: 벌컨 | 출신: 올림포스 신/티탄 신/그 외 | 상징물: 망치, 대장간

포스 산으로 찾아갈 수 있었다는 이야기입니다. 또 하나는 제우스와 헤라가 싸울 때 헤파이스토스가 헤라 편을 들자, 노한 제우스가 그의 발을 들어 천상에서 떨어뜨렸는데, 워낙 높은 곳이라 하루 동안 떨어진 끝에 렘노스 섬에 떨어졌고 이때 절름발이가 되었다는 이야기이지요.

분명한 것은 헤파이스토스가 절름발이고 추남이었지만, 발명하고 물건을 만들어내는 데 탁월한 능력이 있었다는 것입니다. 헤파이스토스는 렘노스 섬의 대장간에서 키클롭스와 함께 무엇이든 척척 만들어내어 올림포스의 신들에게 선물해 주곤 했습니다.

안드레아 만테냐의 〈파르나소스 산〉의 일부

헤파이스토스는 다리가 불편했기 때문에 대부분의 그림에서 앉아 있거나 엉거주춤하게 서 있습니다. 이 그림에서도 그렇네요.

추남과 미녀의 만남

제우스와 헤라 어느 쪽에게서도 부모님의 사랑을 받아본 적 없는 헤파이스토스이지만, 그에게도 사랑은 찾아왔습니다. 그의 마음을 빼앗은 것은 미의 여신 아프로디테였습니다. 제우스는 아들의 결정에 별다른 말이 없었지만, 어머니 헤라는 헤파이스토스의 결정을 반대하고 축복해 주지 않았습니다.

그리고 얼마 후 헤라에게 아주 멋진 황금 의자가 도착합니다. 누구라도 탐을 내고 갖고 싶어할 만큼 멋진 의자였던 탓에 헤라는 굉장히 기뻐하며 의자에 덥석 앉았답니다. 하지만 그 순간 의자의 보이지 않는 그물이 헤라를 단단히 옭아매었습니다. 그물과 의자가 단단하고 정교해서 올림포스의 신들 누구도 헤라를 의자에서 떼어낼 수가 없었습니다.

"헤파이스토스를 불러요. 당장!"

다른 방법이 없다는 것을 깨달은 헤라는 어쩔 수 없이 헤파이스토스를 올림포스로 불렀습니다. 그리고 아프로디테와의 결혼을 승낙하고, 헤파이스토스를 올림포스 십이신에 포함시켜 올림포스에서 살 수 있도록 해 주었습니다. 그 모든 것이 끝난 후에야 헤라는 의자에서 일어날 수 있었지요. 올림포스에서 살게 된 헤파이스토스는 그 이후로도 여러 신들에게 궁선을 지어주는 등, 신들을 위한 수많은 물건을 만들었습니다.

최초의 여자 판도라

어느 날, 제우스는 헤파이스토스를 불러 아프로디테를 꼭 닮은 존재를 만들라고 명령합니다. 헤파이스토스는 그 명령에 따라 '여자'라는 존재를 만들지요. 이 존재는 사실 제우스가 인간에게 내리는 벌이었습니다.

티탄 신과의 전쟁에서 승리한 제우스는 세상을 정리하여 신들을 공경할 인간과 짐승을 만드는 일을 프로메테우스라는 티탄 신족에게 맡겼습니다. 프로메테우스는 신의 모습을 본 떠 찰흙으로 모양을 만들었고, 아테나가 거기에 숨을 불어 넣어 주었지요. 그렇게 최초의 인간이 태어난 것입니다.

프로메테우스는 자신의 창조물을 무척 사랑해 지켜보고 보살펴 주려 애썼습니다. 하지만 두꺼운 가죽과 털도 없고 날카로운 발톱과 이빨도 없는 인간들은 주변의 사나운 야생동물들에게 쉽게 사냥 당했으며, 금세 병에 걸려 시름시름 앓다가 죽었습니다. 그래서 프로메테우스는 제우스가 잠든 틈을 타 불을 훔쳐 인간에게 주었습니다. 그 사실을 뒤늦게 안 제우스는 머리끝까지 화가 나 프로메테우스를 높은 절벽에 묶어 놓고 독수리가 그 간을 쪼아 먹도록 했습니다.

제우스는 그것으로도 화가 풀리지 않았습니다. 불을 가지게 되면서 행복해진 인간들에게도 고통과 혼란을 주고 싶었습니다. 그래

프랑수아 부셰의
〈벌컨에게 아이네이아스의
갑옷을 주문하는 비너스〉

헤파이스토스와 아프로디테의 모습이 보입니다. 헤파이스토스는 대장간의 신답게 쇠붙이를 들고 있고, 아프로디테는 에로스와 함께 있습니다.

서 인간들에게 다른 성별을 가진 존재, 즉 여자를 내려보내기로 하였던 것입니다. 그때까지만 해도 인간 세상에는 '남자'만 있었습니다.

헤파이스토스가 그의 특별한 발명품을 완성하자, 그 완성품을 본 아테나는 직접 만든 옷과 허리띠, 면사포를 주었고, 아프로디테는 아름다움과 매력을 주었습니다. 그리고 헤르메스는 속임수와 꾀, 교활한 마음을 심어 주었지요. 그리고 다른 올림포스 신들도 이 완성품에 각자가 줄 수 있는 특성들을 하나씩 더해 주었습니다.

"저 존재의 이름은 이제부터 '판도라'이다. 내가 인간에게 주는 '모든 선물'이라는 뜻이지."

제우스는 그 발명품에 이름까지 지어 주고는 갖가지 선물과 함께 인간 세상으로 내려 보냈습니다.

장 쿠쟁의 〈에바 프리마 판도라〉

'에바 프리마'는 최고의 여인이라는 뜻입니다. 미의 여신을 그대로 옮겼고, 신들에게서 갖가지 선물을 받았으니, 당연히 최고의 여인이겠지요.

그리고 판도라에게 절대로 열어서는 안 되는 상자도 같이 주어 보냈지요. 판도라를 아내로 맞은 에피메테우스는 형인 프로메테우스와 달리 현명하지 못한 인물이었습니다. 그는 형인 프로메테우스가 제우스가 보내는 것은 절대 받지 말라고 했던 당부마저 잊어버리고 말았습니다.

"이렇게 아름다운 존재를 보내주시다니, 감사합니다!"

헤파이스토스가 만든 판도라는 아프로디테와 똑같아서 아름다웠지만 호기심이 많고 분별력이 없었습니다.

'그 상자에 도대체 무엇이 들어 있을까? 궁금해서 미칠 것 같아. 도대체 무슨 비밀이 들어 있길래, 절대 열어 보면 안 된다고 한 걸까?'

참다 못한 판도라는 그만 상자를 열어 버리고 말았습니다. 그 순간 슬픔과 미움, 저주, 전염병 등 인간을 괴롭힐 만한 각종 나쁜 것들이 상자에서 튀어나왔습니다. 판도라는 깜짝 놀라 상자를 닫으려고 했지만 이미 인간을 불행하게 할 만한 온갖 것들은 다 빠져 나간 뒤였지요.

헤파이스토스의 불안한 결혼

헤파이스토스와 아프로디테의 결혼은 처음부터 잘 맞아 들어가지를 않았습니다. 미의 여신인 아프로디테로서는 자신의 남편인 헤파이스토스의 외모가 마음에 걸렸겠지요. 게다가 헤파이스토스는 올림포스 산에서 넥타르와 앰브로시아를 즐기며 인간들을 굽어보거나 다른 유희에 빠지기보다는 자신의 대장간에 가서 무언가 만드는 것을 좋아했습니다. 아름다움을 중시하는 아프로디테로서는 불길이 뜨겁고 먼지와 검댕이 많은 대장간이 즐거울 리 없었겠지요.

물건을 부탁하는 이들 외에는 손님이 없는 헤파이스토스의 대장간에 태양의 신이 문득 찾아왔습니다.

"헤파이스토스, 평소라면 남의 일에 참견하는 일이 없는 나지만, 도저히 참을 수가 없어 이렇게 당신에게 왔소. 당신의 아내인 아프로디테와 아레스가 보이는 모습들이 보기 망측해서 말이오. 아프로디테와 아레스가 당신 몰래 만나고 있다는 것은 아시오?"

헤파이스토스는 태양의 신이 일러준 소식에 깜짝 놀랐고, 또 무척 민망했습니다. 헤파이스토스는 그 길로 그물을 하나 만들었습니다.

그리고 아프로디테와 아레스가 서로를 끌어안는 그 순간을 노려

안드레아 만테냐의 〈마르스와 비너스〉 혹은 〈파르나소스〉

아프로디테와 아레스가 중앙에 서서 다정하게 서로에게 기대고 있는 데 비해, 헤파이스토스는 그림 왼쪽에 서서 무언가 소리를 지르고 있습니다. 헤파이스토스와 아프로디테, 아레스가 가지고 있던 삼각관계를 잘 보여주는 그림입니다.

그물을 씌우고는 단단히 죄었습니다. 헤파이스토스의 그물에 묶여 꼼짝도 할 수 없었던 두 신의 모습은 무척이나 우스꽝스러웠습니다.

헤파이스토스는 올림포스의 신들을 모두 초대해 아프로디테와 아레스의 바보같은 모습을 공개하고 웃음거리로 만들었습니다. 전쟁의 신인 아레스는 어떻게든 무력으로 그물을 끊어 보려 했지만, 단단하고 잘 보이지 않는 그 그물을 풀 수 있는 사람은 헤파이스토스뿐이었지요. 결국 포세이돈이 헤파이스토스를 말려준 덕분에 아프로디테와 아레스는 그물에서 풀려날 수 있었습니다.

아테네에 있는 헤파이스토스의 신전

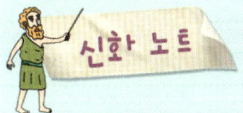

헤파이스토스

1. 헤라의 아들이며, 다리를 절고 얼굴이 못생긴 대장간의 신입니다.
2. 최고의 발명가 올림포스 신들의 무기는 물론 인간에게 재앙이 된 판도라도 만들었습니다.
3. 헤파이스토스는 미의 여신인 아프로디테를 사랑하여 결혼했으나, 아프로디테는 헤파이스토스를 사랑하지 않았습니다.

헤파이스토스의 실험실, 불카노 섬

불카노 섬의 불카노(Vulcano)는 화산을 의미합니다. 그리고 이 단어는 헤파이스토스의 로마식 이름은 불카노스(Vulcanos), 영어로는 벌컨(Vulcan)에서 유래하였지요. 헤파이스토스가 신들의 무기와 장신구를 만들었던 대장간에는 당연히 뜨거운 열기와 먼지, 재, 시뻘건 쇳물이 많았습니다. 그리고 이 이미지는 화산이 가지고 있는 열기, 화산재, 용암, 불길과 통하는 면이 있었지요. 그래서 사람들은 화산(Volcano)이라는 영어 단어의 어원을 불카노스, 즉 헤파이스토스에서 찾았습니다. 그리고 그 이름을 딴 섬이 바로 불카노 섬입니다. 지중해에 있는 이 섬은 이름 그대로 현재도 활동하고 있는 화산섬이지요. 옛날 사람들은 이 섬의 화산이 헤파이스토스의 용광로라고 생각했습니다.

헤파이스토스의 이름을 딴 무기

헤파이스토스가 가진 이미지에서 이름을 차용한 것에는 벌컨포가 있습니다. M61형 20밀리미터 기관총이라는 정식 명칭은 가진 이 기관총은 빠른 발사 속도와 무시무시한 파괴력 때문에 불의 신인 헤파이스토스의 이름을 땄습니다.

로봇의 아버지

헤파이스토스가 여느 손재주가 좋은 대장장이와 달랐던 점은 그가 창의력 넘치는 발명가이기도 했으며, 동시에 신이었던 덕분에 물건이 스스로 움직일 수 있도록 하는 힘이 있었다는 것입니다. 스스로 움직이는 힘이 있었던 물건 중 유명한 것이 바로 '트리포도스' 입니다. 이 발명품은 금 바퀴가 셋 달린 세발 다리 탁자로 만든 사람의 마음을 읽을 수 있을 뿐만 아니라 올림포스 신전 여기저기를 혼자 굴러다닐 수 있었습니다. 그래서 때로는 신들의 잔치 자리를 혼자 굴러다니며 술상 역할을 했답니다.

사이버 기술의 원조

마치 만화영화나 영화에 나오는 미래의 로보트 같지요? 뿐만 아닙니다. 자기가 가고자 하는 방향으로 움직일 수 있는 키잡이가 내장되어 있어서 스스로 움직일 수 있는 장치라는 뜻의 '퀴베르네테스' 라는 존재는 로봇에 한층 더 가까운 존재었습니다. 주인이 맡기는 일을 척척 해내기도 했고, 또 말도 할 줄 알았답니다. 이런 영향으로 퀴베르네테스는 인공두뇌학인 '사이버네틱스' 의 어원이 되었답니다. 우리가 요즘 흔히 사용하는 사이버(Cyber)라는 말이 바로 여기서 유래된 것이지요.

신화 돋보기

올림포스 최고의 발명가,

판도라

인간세계에 보내는 재앙 풀세트, 판도라

- 주문 : 제우스
- 제작 : 헤파이스토스
- 능력 : 거부할 수 없는 매력, 달콤한 거짓말, 누구든 설득할 수 있는 말솜씨
- 주의사항 : 호기심이 많으니 교육 및 보관에 주의하십시오. 보관에 실패할 경우 각종 질병과 나쁜 감정이 퍼져, 세상이 지옥에 한 발짝 더 가까워질 수 있습니다.

갑옷

엄마표 사랑, 아킬레우스의 갑옷

- 주문 : 테티스
- 제작 : 헤파이스토스
- 능력 : 신들의 대장장이 헤파이스토스 제작, 최고의 영웅 아킬레우스 착용
- 주의사항 : 너무 좋은 갑옷이라 훔쳐가려고 하는 사람이 많으니 보관에 주의하십시오. 자칫하면 갑옷을 훔치려고 칼을 들고 덤비는 사람이 있을 수 있습니다.

태양마차

땅도 별도 태우는 뜨거운 태양마차

- 주문 : 헬리오스
- 제작 : 헤파이스토스
- 능력 : 천마와 함께 늘 달리는 길로 달리면 하늘과 땅을 데울 수 있음
- 주의사항 : 천마가 매우 사납고 예민하여 헬리오스에게만 순종하니, 주인 외에는 타지 마십시오. 괜히 시도했다가 제우스의 번개를 맞아 죽을 수 있습니다.

헤파이스토스의 놀라운 발명품

쇠사슬과 수갑

절대 수갑과 쇠사슬

- 주문 : 하데스와 제우스
- 제작 : 헤파이스토스
- 능력 : 끊어지지 않고 닳지도 않음
- 주의사항 : 함부로 착용하지 마십시오. 헤라클레스 정도의 영웅이 아니면 부술 수 없습니다. 수갑을 착용하면 근처에 독수리가 나타나 간을 파먹을 수 있으니 주의하시기 바랍니다.

활과 화살

사랑의 화살과 활

- 주문 : 에로스
- 제작 : 헤파이스토스
- 능력 : 원하는 대로 사랑에 빠지게 하거나 미워하게 할 수 있음
- 주의사항 : 미움은 납의 촉, 사랑은 금의 촉입니다. 화살촉 관리에 유의하십시오. 실수로 자기가 찔리면 부모님이 반대하는 결혼을 해서 완전 고생하는 수가 있습니다.

황금의자

효도용 황금 의자

- 주문 : 헤파이스토스
- 제작 : 헤파이스토스
- 능력 : 의자를 만든 사람이 원해야만 의자에서 일어날 수 있음
- 주의사항 : 앉을 때는 당신 마음이지만 일어설 때는 아닐 수도 있으며, 동네의 놀림거리가 될 수도 있습니다. 특히 아들이 못 생겼다고 버렸던 어머니는 주의하십시오.

동에 번쩍 서에 번쩍, 하는 일이 제일 많은 신
헤르메스

영리하고 다재다능한 헤르메스

신화 속에서는 날개달린 모자에 날개달린 샌들을 신고 올림포스와 인간 세상은 물론, 저승까지 바쁘게 돌아다니는 신이 있습니다. 바로 전령의 신 헤르메스입니다.

제우스는 헤르메스가 행동이 빠르고 재치가 번뜩인다는 것을 알고 그를 전령의 신으로 삼아 인간이나 신에게 메시지를 전달했습니다. 물론 그외에도 급히 해결해야 할 일이 있을 때면 헤르메스를 찾았답니다. 특히 제우스가 바람을 피우다 곤란한 일이 생겼을 때면 헤르메스의 재치와 빠른 발이 필요해서 꼭 그를 찾았지요.

속도와 지혜는 곧 상업으로 연결됩니다. 그래서 헤르메스는 돈이 있는 자와 물건이 있는 자를 연결하는 상업의 신, 여행자를 수호하는 여

헤르메스 전령의 신 | 로마 이름:메르쿠리우스 | 영어 이름:머큐리 | 출신:올림포스 신/티탄 신/그 외 |
상징물:페타소스, 카드케우스, 날개달린 샌들

행의 신, 이승에서 저승으로 죽을 자를 인도하는 신, 도둑의 신까지 맡았습니다.

헤르메스는 제우스의 총애만 받은 것이 아닙니다. 헤라 역시 헤르메스를 아끼고 귀여워했답니다. 제우스야 헤르메스의 아버지이니 그 총애를 이해할 수 있지만, 헤르메스의 어머니는 헤라가 아닌 아틀라스의 딸인 마이아랍니다. 그러니 헤라가 헤르메스를 괴롭히거나 미워해도 이상하지 않았지요. 헤라가 헤라클레스나 아폴론, 아테나 등 제우스의 다른 자식들에게 한 것을 생각하면, 당연히 그래야 했습니다. 하지만 헤라는 헤르메스를 마치 자기 아들처럼 여겼습니다. 이것은 사실 영특하고 눈치 빠른 헤르메스가 태어나자마자 헤라의 무릎에 올라가 놀며 헤라에게 재롱을 떨었기 때문이랍니다. 시키지도 않았는데 자신의 무릎에 올라와 노는 아기가 귀여워서였는지 헤라는 헤르메스에게 젖을 먹이며 예뻐했습니다.

페가수스를 탄 헤르메스

아폴론의 소를 훔치다

헤르메스는 태어난 지 얼마 안 되었을 때 아폴론의 소를 훔친 적이 있습니다. 한 마리도 아니고 오십 마리나 훔쳤답니다. 그런데도 다들 누가 소를 훔쳐갔는지 알 수 없었지요. 흔적을 남기지 않고 훔쳤기 때

프랑수아 부셰의 〈아기 바커스를 님프들에게 건네는 머큐리〉

문이었습니다.

　헤르메스는 어머니인 마이아가 깜빡 잠이 들었을 때, 요람에서 기어 나와 아폴론의 외양간으로 갔습니다. 그리고 소가 뒷걸음을 쳐서 나오게끔 끌어내었습니다. 앞을 보지 못하고 뒷걸음을 치니 불안해진 소들이 평소보다 훨씬 더 자주 힘을 주어서 꼬리를 휘저었습니다. 그리고 그 바람에 바닥에 남아 있어야 할 소발자국들이 깨끗하게 지워졌지요. 그러니 소가 어느 곳을 향해 갔는지 아무도 알 수 없게 되었습니다.

　소가 없어진 것을 안 아폴론은 도둑의 신인 헤르메스를 제일 먼저 의심하고 찾아왔습니다.

　"네 놈이 내 소를 훔쳐갔지? 당장 내놓아라."

"아폴론 신이시여, 저는 모르는 일입니다. 제가 훔쳤다는 증거라도 있습니까?"

헤르메스는 딱 잡아떼며 요람에서 기어 나와 딴청만 부렸습니다. 그리고는 거북이를 잡아 거북이 껍질에 양의 창자로 현을 매어 만든 '리라'라는 악기를 연주하기 시작했습니다. 리라에서 아름다운 소리가 울려 퍼지자 헤르메스의 괘씸한 소행 때문에 단단히 화가 났던 아폴론의 화도 가라앉고 말았습니다.

"소리 한번 듣기 좋구나. 어떠냐? 내게 그 물건을 주면 네가 훔친 소를 네게 주고 이 일도 없던 일로 해 주마."

"좋습니다!"

이렇게 해서 헤르메스는 아폴론에게 리라를 건네고 소를 가졌답니다. 감쪽같이 도둑질을 한 데다 이를 물물교환으로 마무리하는 솜씨가 과연 도둑의 신이자 상업의 신답지요.

헤르메스 없이 이야기가 안 돼!

헤르메스는 여러 신화 속에 약방의 감초처럼 등장을 합니다. 어디어디 등장했는지 한번 찾아볼까요?

제우스가 부인인 헤라의 눈을 피해 이오를 만날 때의 일입니다. 제우스는 질투의 화신인 헤라에게 들키지 않으려고 이오를 황소로 변신시켰지요. 그러자 헤라는 황소인 이오를 데려가 눈이 백 개

야콥 반 캄펀의
〈머큐리, 아르고스, 그리고 이오〉

달린 아르고스에게 지키게 합니다. 속이 타들어가던 제우스가 찾았던 것은 다름 아닌 헤르메스랍니다.

"헤르메스, 불쌍한 이오를 좀 구해다오. 아르고스는 한시도 이오에게서 눈을 떼지 않고, 헤라는 시시때때로 파리를 보내 이오를 괴롭히는구나."

제우스의 명을 받은 헤르메스는 피리를 불어 아르고스를 잠재운 뒤 죽이고 이오를 구출했답니다.

판도라 이야기 역시 헤르메스 없이는 진행이 안 되지요. 메두사 퇴치에도 헤르메스의 손길이 닿아 있답니다. 페르세우스에게 메두사를 이길 수 있는 무기를 전해 주었거든요. 또 목동인 파리스가 헤라, 아프로디테, 아테나 중 누가 가장 아름다운가를 결정할 때, 여신들을 파리스 곁에 데려다 주는 역할을 담당하

피에로 디 코지모의
〈안드로메다를 풀어주는 페르세우스〉
페르세우스 뒤에 헤르메스가 보입니다. 헤르메스는 페르세우스가 모험을 하는 내내 물심양면으로 도와주었습니다.

였습니다. 티폰에게 잘린 제우스의 힘줄을 찾아주고, 세멜레의 뱃속에 있는 디오니소스를 꺼내 제우스의 넓적다리에 넣은 이도 헤르메스랍니다.

삶과 죽음도 뛰어넘는 신

아무리 위대한 신이라 해도 함부로 드나들 수 없는 곳이 바로 저승입니다. 그러나 헤르메스는 죽은 자를 인도하는 신이었기 때문에 저승을 자기 집처럼 오갈 수 있었습니다. 때문에 하데스의 아내인 페르세포네가 지상으로 돌아올 때, 오르페우스가 에우리디케를 찾아 지하세계로 갈 때 도움을 줄 수 있었습니다. 이처럼 헤르메스는 소식을 전하는 전령의 신답게 이야기와 이야기를 이어주는 역할을 하였습니다.

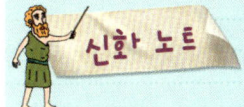 신화 노트

헤르메스

1. 전령의 신이자, 상업의 신, 도둑의 신, 여행자를 수호하는 여행의 신, 죽은 자를 인도하는 신입니다.
2. 헤르메스는 제우스와 헤라 같은 올림포스 신뿐 아니라 이오와 오르페우스, 페르세포네 등도 도와주었습니다.
3. 헤르메스는 하루에 만 리를 갈 수 있는 날개 달린 신발, 소식을 전하는 지팡이자 건드리면 잠이 들게 할 수 있는 카드케우스, 날개달린 모자 페타소스를 가지고 있습니다.

헤르메스처럼 빠르고 유능한 친구!

옛날 그리스의 길거리에는 여행자를 보호하는 헤르마 상이 세워져 있었다고 합니다. 헤르마 상은 머리는 헤르메스이고 몸체는 기둥으로 되어 있는데 앞뒤의 면 양쪽에 헤르메스의 얼굴이 새겨져 있었습니다. 한 지역과 다른 지역 사이에 세워져 이정표 역할을 한 것으로 이는 그 길을 지나는 여행자들에게 길을 안내하고 여행자를 보호하는 의미를 가지고 있었지요.

이야기를 이어주고, 해결의 실마리를 가져다주는 역할을 했던 헤르메스가 없었다면 신들의 사회는 대혼란에 빠졌을 것입니다. 그것은 헤르메스가 유난히 눈치가 빠르고 똑똑하기도 했지만, 한편으로는 헤르메스가 가지고 있는 신기한 물건들 덕분이기도 합니다.

헤르메스의 신기한 물건들

헤르메스의 날개달린 모자 페타소스는 우리에게 아주 친근합니다. 우리가 잘 아는 포털사이트인 네이버를 뜻하는 심벌로 사용되고 있기 때문인데, 이 심벌에는 정보의 바다를 여행하는 네티즌을 수호한다는 의미가 담겨 있다고 합니다. 세계적인 타이어 회사인 굿이어(Goodyear)사는 헤르메스의 날개달린 신발을 상징으로 사용하고 있습니다. 타이어 회사니까 빨리 달리는 샌들이 제법 잘 어울린다고 할 수 있겠지요.

헤르메스가 오고 있으니, 나아질거야!

상황이 나아지고 있다, 혹은 기온이 상승하고 있다고 말할 때, 머큐리 이즈 라이징(The mercury is rising.)이라는 표현을 씁니다. 여기에서 '머큐리(Mercury)'는 헤르메스의 로마식 이름이자 수은을 의미합니다. 원자 기호로 Hg를 쓰는 수은을 왜 머큐리(Mercury)라고 불렀을까요?

수은을 처음 발견했을 때, 과학자들은 그 존재에 당황했습니다. 수은이 액체 같기도 하고, 고체 같기도 했기 때문이지요. 과학자들은 고체와 액체의 성격 모두를 가지고 있는 수은을 보며 하늘과 지하를 모두 오갈 수 있는 헤르메스를 떠올렸습니다. 게다가 수은은 서로 다른 것을 이어주는 역할을 했습니다. 마치 전령을 전달하며 하늘과 땅밑을 연결했던 헤르메스처럼 말입니다.

상인(Merchant)의 시작도 나야!

또하나 각기 다른 지역의 물건들을 사고 팔아서 각 지역의 산물을 교환하고 이어질 수 있도록 하는 특성을 가진 상업과 그 일에 종사하는 상인을 뜻하는 머천트(Merchant)라는 단어 역시 헤르메스의 로마식 이름인 머큐리(Mercury)에서 유래했습니다.

헤르메스 89

신화 돋보기

곤란하고 어려운 사건 전문, 헤르메스 탐정소

Mission 1
아르고스를 잠재우고 이오를 구하라!
Completed.

Mission 2
아르고스의 머리를 가져와라!
Completed.

Mission 3
페르세포네를 지하세계에서 구출하라!
Completed.

그리스 로마 신화 속 이야기를 보고 있으면 일도 많고 탈도 참 많습니다. 그 수많은 사건사고들 뒤에는 한 유능한 신이 있었습니다. 발도 빠르지만 머리회전은 더 빠른, 상업과 전령의 신 헤르메스입니다. 하지만 가끔은 일이 잘 풀리지 않을 때도 있습니다. 그럴 때도 걱정 없습니다. 헤르메스는 사기와 거짓말의 신이거든요. 헤르메스가 의뢰받은 굵직굵직한 사건들 한 번 보실까요? 모두 깔끔하게 끝난 사건이기도 하답니다.

환영받지 못하는 신
아레스

어리석고 싸움만 좋아하는 신

전쟁의 신인 아레스는 제우스와 헤라 사이에서 태어났습니다. 올림포스의 다른 신들이 찬양받고 환영받은 것에 비해 아레스는 영 인기가 없었지요. 그는 싸우는 것을 좋아하는데다 욱하는 성질이 있고 어리석었기 때문입니다. 그가 전쟁을 시작하면 그의 아들인 포보스(그리스어로 공포라는 뜻)와 데이모스(두려움이라는 뜻)가 전차를 준비했다고 하니 아레스가 나타나면 모두들 도망가기 바빴을 것입니다.

아레스와 늘 비교되는 신이 아테나입니다. 아레스는 체구도 상당히 컸지만 싸움을 잘 하지

투구를 쓴 아레스의 얼굴 조각상

아레스 전쟁의 신 | 로마 이름:마르스 | 영어 이름:마스 | 출신:올림포스 신/티탄 신/그 외 | 상징물: 네 마리의 말이 끄는 마차, 투구, 갑옷, 늑대, 피

못했습니다. 그리고 합리적이고 이성적으로 판단하기보다는 기분에 의존하여 선택하기도 했지요. 아테나도 같은 전쟁의 신이었지만 아레스와는 상당히 달랐습니다. 아테나는 평화를 지키기 위해 전쟁을 하고, 지혜롭게 전략과 전술을 세워서 전쟁에 임했습니다. 그러다보니 전쟁에서 이기는 쪽도 아테나였습니다. 반면 아레스가 이끈 전쟁은 패배로 끝났기 일쑤였지요. 트로이아 전쟁이 벌어졌을 때 아레스는 트로이아의 편이었고 아테나는 그리스의 편이었는데, 결국 아테나가 지원한 그리스가 이겼지요. 그뿐 아니라 아레스는 그리스 군의 장수인 디오메

자크 루이 다비드의 〈마르스와 미네르바의 전투〉

모두 전쟁을 관장하는 신이지만 아레스는 싸움을 좋아했고 아테나는 타협을 좋아했습니다. 아레스는 전쟁을 평화적으로 다스리려는 아테나에게 매번 패하기만 했습니다.

아레스 93

프란시스코 고야의 〈거인〉

데스의 칼에 부상까지 입었습니다.

그뿐 아니라 아레스는 종종 상처를 입거나 싸움을 하다 도망치는 등 전쟁의 신답지 못한 행동을 해 굴욕을 겪기도 했습니다.

올림포스 신들이 기간테스들과 싸울 때 역시 그랬습니다. 아테나가 팔라스라는 기간테스를 해치우고, 기간테스와의 전쟁을 끝낼 수 있는 결정적인 존재인 헤라클레스를 데려오는 동안 아레스는 특별한 성공을 거두지 못했습니다. 모두들 이렇게 말할 정도였지요.

"아레스는 뭐 하나 제대로 하는 게 없군. 올림포스 신들 망신은 있는 대로 다 시키고 다녀! 그나마 아테나가 있어서 다행이야."

아레스는 제우스가 아테나만 예뻐하여 그녀가 천방지축으로 날뛴다고 투덜거렸습니다. 하지만 제우스는 아레스가 자신의 아들만 아니었다면 지옥으로 보내버렸을 것이라며 미워했습니다.

망신만 당하는 아레스

이렇게 환영받지 못한 아레스도 잘생긴 외모 덕분에 아프로디테 여신의 사랑을 받았습니다. 아프로디테와 아레스 사이에서는 포보스와 데이모스 쌍둥이 형제, 훗날 카드모스의 아내가 되는 하르모니아, 그리스 로마 신화 속 소동의 원인이 되는 에로스, 에로스와 함께 다니는 에로테스, 아레스와 함께 전쟁터를 다녔던 아레스티아가 태어났습니다. 그런데 아프로디테에게는 남편이 있었지요. 바로 대장간의 신인 헤파이스토스입니다. 아레스는 이런 사실을 알고도 계속해서 아프로디테를 만나다 헤파이스토스가 설치한 청동그물에 걸려 망신을 당하고 맙니다.

올림포스 신들을 우습게 여기고, 도전하려 했던 오토스와 에피알테스 형제를 막으러 갔던 적도 있었습니다. 오토스와 에피알테스는 포세이돈의 아들인 알로에우스의 자식들입니다. 몸집이 무척 커서 태어난 지 얼마 되지 않아 키가 십육 미터나 되었다고 합니다. 타고난 힘도 대단했지만, 할아버지가 바다를 다스린다는 것을 믿고 두 형제는 자신들이 올림포스의 신들보다 위대하다고 우쭐거렸지요.

"우리 정도면 올림포스의 신들은 이기고도 남지. 나는 올림포스의 왕이 되어서 헤라와 결혼하겠어."

"나는 처녀신인 아르테미스와 하겠어. 우리가 하

요아킴 브테바엘의
〈신들에게 들킨 비너스와 마르스〉
침대에 누워 있다 들킨 아프로디테와 아레스의 표정에서 잔뜩 당황한 기색을 읽을 수 있습니다. 신들 중에서는 잔뜩 신이 난 헤르메스도 보입니다.

늘을 오를 방법만 찾으면 어려울 것도 없지!"

오토스와 에피알테스 형제는 자신의 몸에 신의 피가 조금 흐르고 있다는 것만으로 이미 신이 된 듯 굴었습니다. 그리고 커다란 덩치를 이용해 근처의 산을 뜯어다 산 위에 쌓아 하늘로 오를 계단을 만들기 시작했습니다. 위에서 이 둘의 모습을 지켜보던 올림포스 신들은 자존심도 상하고 화가 났습니다.

"내가 가서 저것들을 처리하겠소!"

싸움을 좋아하는 아레스가 자진해서 나섰습니다. 다른 신들은 이 상황을 지켜보고 있었지요. 하지만 전쟁의 신이었음에도 아레스는 오히려 두 형제에게 잡혀 청동항아리에 갇히고 말았습니다. 그리고 무려 십삼 개월이나 그 안에 갇혀 있다가 헤르메스의 도움으로 간신히 풀려났습니다. 이렇듯 일을 해결하기는 커녕 망신만 당하는 아레스를 아버지인 제우스도 좋아하지 않았습니다. 호메로스가 쓴 일리아드에 따르면 제우스는 오히려 그런 아레스를 미워하기까지 했지요.

"아레스! 나는 올림포스의 신들 중 네가 가장 밉다! 너는 전쟁과 싸움, 살육밖에 모르는구나."

제우스가 그렇게 소리치자 아테나는

디에고 빌라스케스의 〈마르스〉
갑옷을 모두 벗고 투구만 쓰고 있는 군신 아레스의 모습입니다. 이불 아래 숨겨진 손은 여전히 무기를 쥐고 있습니다.

"포악하고 사나워서 도저히 가까이 갈 수가 없군요. 같은 형제라도 헤파이스토스가 모든 면에서 나아요."라고 말했답니다.

그리스 신화에서 아레스는 별다른 활약이 없고 우스운 꼴만 당하는 신으로 그려졌지만 로마에서는 마르스라는 이름으로 추앙받으며 중요한 신으로 섬겨졌습니다. 로마를 건국한 로물루스와 레무스 쌍둥이 형제의 아버지라고도 전해집니다.

귀스타브 도레가 그린 《신곡》의 삽화

티탄 신들과 기간테스가 그려져 있습니다. 오른쪽 아래에 있는 것이 일반 사람이니, 기간테스와 타탄 신들이 얼마나 컸는지 알겠지요? 제일 왼쪽 바깥에 있는 것이 에피알테스 입니다.

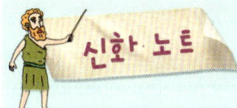

아레스

1. 제우스와 헤라의 아들로 전쟁을 다스리는 신입니다.
2. 아프로디테와 사랑에 빠졌다가 올림포스 신들에게 창피를 당했습니다.
3. 전쟁에 나갈 때면 포보스와 데이모스 두 아들을 앞세웠습니다.
4. 트로이아 전쟁에서 트로이아의 편을 들었으나 패하고 말았습니다.
5. 오토스와 에피알테스 형제에게 잡혀 청동항아리에 십삼 개월 동안 갇혀 있었습니다.

남자는 아레스, 여자는 아프로디테

우리는 우주, 화학, 물리, 생물 등 과학의 다양한 분야에 그리스 로마 신화가 영향을 끼쳤다는 것을 자주 발견하게 됩니다. 우리가 흔히 쓰는 기호나 상징물, 로고에서도 그리스 로마 신화의 흔적이 보입니다.

예를들면 ♂과 ♀이 있습니다. 남자를 뜻하는 ♂와 여자를 뜻하는 ♀도 그리스 신화에서 유래했다고 합니다. ♂는 전쟁의 신인 아레스의 창을 본떠 만든 것이고 ♀는 아프로디테의 거울을 본떠 만들었다고 합니다.

피처럼 붉어서 마르스

그런가 하면 전쟁의 신의 이름을 딴 행성도 있습니다. 바로 화성이지요. 과학자들은 태양계의 네 번째 행성에 아레스의 로마식 이름인 마르스를 붙였습니다. 네 번째 행성이 피 색깔과 비슷한 붉은 색을 띠었기 때문입니다. 1877년 미국의 천문학자 아사프 홀은 화성의 위성을 발견하였는데, 아레스의 아들 이름을 따서 포보스와 데이모스라고 지었습니다.

설상가상, to pile Pelion upon Ossa

'파일 펠리온 어폰 오사(Pile Pelion upon Ossa)'는 '엎친 데 덮친 격'을 뜻하는 영어 표현입니다. 이 표현은 아레스를 청동항아리에 가두었던 오토스와 에피알테스 쌍둥이의 행동에서 시작되었습니다. 두 형제는 테실리아의 왕 트리오파스의 딸인 에피메데이아와 포세이돈 사이에서 태어났습니다. 둘은 아버지인 포세이돈을 닮아 힘도 무척 셌지만 덩치도 무척 컸습니다. 게다가 어떤 신이나 인간, 괴물도 그들을 이기거나 죽일 수 없다는 축복마저 받았답니다.

산 위에 산을 쌓다

강력한 힘과 축복에 그들은 한껏 오만해져서 올림포스의 신들을 몰아내고 세계를 지배하기로 마음 먹었습니다. 두 형제는 오산 산 위에 펠리온 산을 얹어서 올림포스 산보다 높은 곳에서 신들을 내려다보려 했습니다. 분노한 올림포스의 신들이 대항했지만 축복 때문에 속수무책이었습니다. 아레스는 물론이고 헤르메스, 아르테미스, 아테나까지 모두 방법을 찾을 수가 없었습니다. 하지만 운명의 신 아폴론이 두 형제의 비밀을 알아내었지요. 두 형제를 죽일 수 있는 사람은 오직 두 형제들뿐이라는 것! 결국 이 사실을 안 아르테미스는 꾀를 내어 두 형제를 자멸시켰고 올림포스는 다시 평화를 찾을 수 있었습니다.

신화 돋보기

각 달에도 신들이 깃들어 있어요

달력을 자세히 보면, 그 속에 숨어 있는 그리스 로마의 역사와 신들을 발견할 수 있습니다. 자, 지금 달력을 자세히 보세요.

첫달인 1월을 서양에서는 재뉴어리(January)라고 합니다. 여기에는 시작과 끝을 뜻하는 신 야누스(Janus)가 숨어 있습니다. 3월 마치(March)에는 로마 사람들이 숭배해 3월과 11월이면 제사를 올렸던 신 아레스의 로마식 이름인 마르스(Mars)가 보입니다. 5월 메이(May)에는 봄의 여신 마이아(Maia)가, 6월 준(June)에는 헤라 여신의 로마식 이름인 주노(Juno)가 깃들어 있습니다.

로마 사람들의 시선으로 본 1년

7월 줄라이(July)와 8월 오거스트(August)에는 로마 사람들이 사랑한 줄리어스 시저의 이름 줄리어스(Julius)와 로마제국 초대 황제 아우구스투스의 이름 아우구스투스(Augustus)가 보이지요. 9월부터 12월까지는 로마식 숫자 표현이 숨어 있습니다. 9월 셉템버(September)에는 7을 의미하는 셉템(Septem)이, 10월 악토버(October)에는 8을 의미하는 옥토(Octo), 11월 노벰버(November)에는 9를 의미하는 노벰(Novom), 12월 디셈버(December)에는 10을 의미하는 디셈(Decem)이 숨어 있습니다. 9월부터는 의미와 숫자가 맞지 않지요? 그것은 로마 달력은 마치(March)에서 시작해서 디셈버(December) 다음에 재뉴어리(January)와 페뷰러리(February)가 왔었기 때문이랍니다. 그러다 기원전 153년에 바뀌어 재뉴어리(January)와 페뷰러리(February)가 맨 앞이 되면서 의미가 뒤틀리게 되었습니다.

사건과 소동, 사랑과 미움의 중심
에로스

그 어떤 신도 내 화살을 피해갈 수는 없어!

사랑의 신 에로스는 장난꾸러기입니다. 그리고 어머니 아프로디테와 함께 연애의 신이기도 하지요. 에로스가 장난을 치거나 연애사건을 만들기 위해 주로 사용하는 것은 황금 화살촉과 납으로 된 화살촉이었습니다. 황금화살촉을 맞은 사람은 격렬한 사랑을 느끼고, 납으로 된 화살촉을 맞은 사람은 사랑을 싫어하고 미워하는 마음을 갖게 되는 것이지요. 이 화살촉의 효력은 남녀를 가리지 않으며, 신과 인간도 가리지 않아서 많은 신들이 에로스의 장난에 걸려 고생을 했답니다. 태양의 신인 아폴론도, 에로스의 어머니인 아프로디테도, 세상만사를 다스리는 제우스도 그 장난을 피해갈 수 없었습니다. 심지어는 에로스 자신마저도 말입니다.

에로스 사랑의 신 | 로마 이름 : 쿠피도, 아모르 | 영어 이름 : 큐피드 | 출신 : 올림포스 신 / 티탄 신 / 그 외 | 상징물 : 화살, 날개

화살에 찔린 에로스

그러던 어느 날, 그 누구도 아닌 에로스 바로 자신이 금화살에 찔리게 됩니다. 그리고 프시케에게 한눈에 반하고 말지요. 프시케가 누구냐고요? 프시케는 그 아름다움으로 세상을 떠들썩하게 만든 공주님이랍니다. 프시케가 너무 예뻤던 나머지 세상의 남자들이 모두 프시케의 미모를 찬양하느라 미의 여신인 아프로디테에 대한 찬양을 잊어버릴 정도였습니다.

"아무리 아프로디테 여신이라 해도 프시케보다 예쁘지는 못할 거야. 프시케는 정말 아름다워."

> **루카 조르다노의 〈사람들의 칭송을 받는 프시케〉**
> 아프로디테가 에로스와 함께 이 상황을 바라보고 있습니다. 아프로디테는 이 상황이 못마땅한 것 같습니다.

라파엘로의 〈비너스와 큐피드〉 일부

로마의 파르네시아 빌라 천장을 장식한 〈프시케 이야기〉 벽화 중 아프로디테가 에로스에게 프시케에 대한 명령을 내리는 장면입니다.

　사람들은 멀리 떨어져 있는 미의 여신보다 눈 앞에 있는 프시케의 존재에 더 감탄했습니다. 미의 여신 아프로디테의 신전은 어느새 찾는 사람 하나 없는 곳이 되었지요. 아프로디테는 머리끝까지 화가 나서 에로스를 불렀습니다.

　"나의 아들, 에로스야. 프시케라는 건방진 아이를 혼내 주고 오너라. 세상에서 가장 추한 괴물과 사랑에 빠지도록 만들어라."

　어머니의 명령을 충실히 이행하기 위해 에로스는 프시케를 찾아갔습니다. 그러나 프시케의 잠든 모습을 보고 그 아름다움에 놀라 실수를 하고 말았지요. 바로 자신의 가슴을 금화살로 찌른 것입니다. 가슴에 통증을 느끼는 순간 에로스의 가슴에는 프시케를 향한 뜨거운 사랑이 샘솟았습니다.

　프시케를 사랑하게 된 에로스는 고민에 고민을 거듭하다 아폴론을 찾아갔습니다. 아폴론에게 신탁을 내려달라고 부탁하기 위해서였지요. 아폴론은 에로스가 원하는 대로 프시케의 아버지에게 신의 계시를 내렸습니다.

　"프시케에게 신부 의상을 입혀 산꼭대기에 세워 놓아라. 괴물이 그녀를 아내로 데려갈 것이다."

아폴론의 신탁을 들은 프시케의 아버지는 매우 슬펐지만 거스를 수 없었습니다. 프시케 역시 어찌할 도리 없이 운명에 따르기로 했습니다.

프시케를 아내로 맞은 에로스

프시케가 신부 치장을 하고 산꼭대기에 홀로 서 있었으나 아무도 나타나지 않았습니다. 당연히 무섭고 막막했을 그녀 앞에 제피로스가 나타났지요. 그리고 그녀를 꽃이 핀 골짜기로 데려다 주었습니다. 그 골짜기에는 보석으로 화려하게 장식된 궁전이 있었습니다. 그리고 그 궁전에는 친절한 하인들이 있어 프시케를 시중들었지요. 하지만 이상하게도 이 하인들은 목소리만 들릴 뿐 모습은 보이지 않았답니다. 하지만 시중과 대접은 무척 훌륭했지요. 그날 밤, 프시케는 어둠 속에서 신랑을 만났습니다. 바로 에로스였습니다. 하지만 프시케는 그

> **에드워드 번 존스의 〈프시케의 결혼〉**
> 모두의 표정과 그림의 분위기에서 이 결혼이 어떤 느낌인지 짐작할 수 있습니다.

가 괴물일 것이라고 생각하고 벌벌 떨었지요. 그러나 이미 프시케와 사랑에 빠진 에로스의 목소리는 부드럽고 사랑이 가득했습니다.

"프시케, 내 모습을 보려고 하지 마오. 이 약속을 지키면 당신은 일생을 행복하게 지낼 것이오."

다른 방도가 없었던 프시케는 그 조건을 받아들였고, 한동안 행복하게 살았습니다. 하지만 시간이 흐르자 프시케는 가족들이 그리워졌습니다. 그래서 에로스에게 가족을 볼 수 있게 해달라고 청했지요. 에로스는 탐탁지 않았지만 프시케가 너무나 간절히 원했기 때

프라고나르의 〈큐피드에게서 받은 선물을 자매들에게 보여주는 프시케〉
프시케의 언니들은 프시케가 행복하게 사는 모습을 보며 질투를 느낍니다. 그리하여 프시케가 남편인 큐피드, 즉 에로스를 의심하도록 부추깁니다.

문에 승낙했습니다. 그리하여 언니들이 프시케를 찾아 궁으로 오게 되지요. 하지만 프시케가 잘 살고 있는 모습을 본 언니들은 샘이 나서 프시케가 에로스를 의심하도록 부추겼습니다.

자크 루이 다비드의 〈큐피드와 프시케〉
프시케가 잠든 사이 큐피드가 빠져 나가고 있습니다.

"네 남편은 분명히 흉측한 괴물이거나 징그러운 뱀일 거야."

"그래, 램프와 칼을 준비해 남편이 잠들었을 때 불을 비춰서 모습을 확인해 봐. 혹시라도 괴물이라면 그 자리에서 죽여 버려."

그날 밤에도 에로스는 어둠에 몸을 숨기고 프시케를 찾아왔습니다. 하지만 언니들의 말에 속은 프시케는 램프와 칼을 준비해두고 있었지요. 에로스가 잠들자 프시케는 램프를 들어 그의 얼굴을 확인했습니다. 그의 얼굴을 보는 순간 프시케는 무척 놀랐습니다. 자신의 남편이 아름답고 고귀한 에로스였기 때문이었습니다. 하지만 너무 놀란 탓일까요, 불에 달구어져 한껏 뜨거운 램프의 기름이 에로스의 어깨에 튀었습니다. 깜짝 놀란 에로스는 잠에서 깨었습니다.

"어머니의 반대에도 나는 너와 결혼을 선택하였는데……. 프시케, 너는 나를 괴물로 여기고 내 머리를 베려 하였구나. 이제는 너와 영원히 이별이다. 사랑과 의심은 함께 살 수 없는 법이니 말이다."

에로스는 프시케가 약속을 어겼음을 알고는 프시케를 원망하며 날개를 펴고 창밖으로 날아가 버렸습니다.

프시케의 시련

에로스가 떠난 뒤 궁전도 정원도 시종들도 모두 사라져 버리고 프시케 혼자 남았습니다. 프시케는 자신의 잘못을 뉘우치며 남편을 찾아 각지를 헤맸습니다. 그래도 에로스를 찾지 못한 프시케는 에로스의 어머니 아프로디테의 신전으로 가 도움을 청하였습니다.

"아프로디테 여신님, 저를 남편에게 인도해 주신다면 어떤 일이라도 하겠습니다."

애초부터 아프로디테는 프시케를 못마땅하게 여겼기 때문에 아주 어려운 일들을 시켰습니다. 처음에는 아프로디테 신전 곡식창고의 곡식을 해가 지기 전에 종류별로 나누는 일을 시켰습니다. 산처럼 쌓여 있는 곡식더미에 기가 질려 프시케는 아무것도 못하고 멍하니 있기만 했습니다. 그런 프시케 앞에 개미부대가 나타나 알아서 곡식을 분류하기 시작했습니다. 해가 지기 전에 곡식 분류가 끝났지만 아프로디테는 기뻐하거나 칭찬하기는 커녕 화를 내었습니다. 그리고 사람을 잡아먹는 황금양의 양털을 얻어오라고 명령했습니다. 불가능한 임무에 절망하고 있는 프시케를 도와준 것은 강의 신이었습니다. 무사히 황금양털을 가져오자 아프로디테는 더더욱 크게 화를 내며 프시케를 나무랐습니다.

"너는 한 번도 네 힘으로 해결하지 않았다! 최선을 다하지도 않고 남의 도움만으로 일을 처리하는 너를 어떻게 믿겠느냐!"

사실, 프시케 앞에 나타나지는 않지만 항상 그녀를 걱정하고 있던 에로스가 일이 해결되도록 도와주고 있었던 것입니다.

"좋다. 이번 일도 네가 해낼 수 있는지 보자. 저승에 있는 페르세포네에게 가서 아름다움이 든 물병을 가져오너라."

아프로디테의 말에 프시케는 절망했습니다. 이제까지는 용케 도움을 얻어 일을 해결했지만, 죽지 않고는 저승에 갈 수 있을 리 없었기 때문이었지요.

에드워드 매튜 헤일의 〈비너스의 옥좌 앞에 앉은 프시케〉

아돌프 부게로의 〈프시케의 환희〉

프시케와 에로스는 어려움을 이기고 마침내 사랑을 이룹니다. 올림포스 신들은 회의 끝에 이들의 결혼을 허락하고, 프시케를 올림포스에 살게 해 줍니다.

"그래도 꼭 이 일을 해내겠어!"

프시케는 죽기 위해 높은 탑에 올라갔습니다. 그때 탑 위에서 어떤 목소리가 들리며 죽지 않고 저승에 가는 방법을 알려 주었습니다. 덕분에 프시케는 그 방법대로 죽지 않고 저승에 가는 데 성공하지요. 그리고 무사히 페르세포네를 찾아가 아름다움이 든 병을 받아옵니다. 하지만 프시케의 호기심이 다시 그녀를 위험에 빠트리고 맙니다. 절대로 그 상자를 열어서는 안 된다는 당부를 들었지만, 호기심에 진 프시케는 병을 열어버렸습니다. 그 순간 프시케는 죽은 듯이 잠이 들었습니다. 그 병 안에 든 것은 아름다움을 유지할 수 있도록 도와주는 죽음처럼 깊은 잠이었던 것이지요.

프시케가 병을 열어 잠에 빠졌다는 것을 알아챈 에로스

는 급히 프시케에게 와서 그녀의 몸에서 잠을 빼내어 병에 담은 후 제우스에게 날아갔습니다.

"제우스여, 부디 제 아내 프시케를 살려 주십시오."

마침내 찾아온 행복

제우스는 에로스가 애원하는 모습에 감명 받아 둘의 결혼을 허락하라고 아프로디테를 설득했습니다. 아프로디테도 제우스의 부탁에 허락을 안 할 수가 없었지요. 그래서 프시케는 올림포스로 가서 신들의 음식인 앰브로시아를 먹고 에로스와 영원히 살게 되었습니다. 둘은 나중에 딸을 낳았습니다. 그 아이의 이름이 볼푸타스, 혹은 '플레져(Pleasure)'인데, 그 뜻은 기쁨입니다.

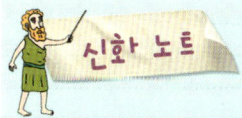

에로스

1. 아프로디테의 아들로 사랑의 신입니다.
2. 많은 미술 작품 속에서 활을 가지고 노는 날개달린 꼬마 신으로 그려집니다.
3. 여러 신들과 님프들에게 화살을 쏘아서 그들을 기쁘게도 하고 슬프게도 합니다.
4. 아폴론, 하데스, 아프로디테는 에로스의 화살로 인해 사랑에 빠집니다.
5. 온갖 역경을 딛고 인간인 프시케와 사랑을 이룹니다.

우리 몸에 있는 큐피드의 활

큐피드가 사람들에게 사랑을 심어주기도 하고 몰아내기도 했던 도구는 활과 화살이었습니다. 끝부분이 금인 화살은 주체할 수 없는 뜨거운 사랑을 심어주었지만, 끝부분이 납인 화살은 미움과 거부를 불러일으키지요. 그 대표적인 피해자가 아폴론과 다프네입니다. 큐피드는 악을 물리치는 절대적인 힘이 있는 헤라클레스의 곤봉을 깎아 활을 만들었습니다. 곤봉에 깃들었던 절대적인 힘은 큐피드의 활에 그대로 머물렀습니다.

큐피드 화살보다 강한 힘

우리 사람들의 몸에도 큐피드의 활과 화살의 역할을 하는 부분이 있습니다. 바로 입이랍니다. 그래서인지 영어로는 윗입술 선을 큐피드 애로우(Cupid's arrow)라고 부른답니다. 입술은 그 모양이 큐피드의 화살과 닮았지만, 입술에서 나오는 말 역시 비슷한 효과를 가지고 있습니다. 때문에 우리는 누군가를 사랑하기도 하고, 증오하기도 합니다.

큐피드 없이는 사랑도 없어! Play Cupid

'플레이 큐피드(Play Cupid)'는 '사랑의 전령사 역할을 하다' 혹은 '두 사람을 맺어 주다'라는 뜻을 가진 표현입니다. 큐피드(Cupid)는 에로스의 영어식 이름이지요. 하지만 사실 신화를 찬찬히 읽어보면 에로스라는 이름의 신이 둘인 것을 알 수 있습니다. 우리가 흔히 알고 있는 에로스를 금화살과 납화살을 쏘는 사랑의 신이지요. 하지만 태초에 세상이 생겨날 시기에 같은 이름의 신이 태어났습니다. 그 신은 가이아, 타르타로스, 에레보스, 닉스와 함께 카오스에서 태어났지요. 그리고 세상의 모든 것들을 서로 결합시켜 내는 역할을 했습니다. 서로 결합시키는 능력을 지녔다는 점에서 보자면 우리가 흔히 알고 있는 사랑의 신 에로스와 비슷하다고 할 수 있습니다. 아니, 어쩌면 사랑의 신의 원조라고도 할 수 있겠지요. 두 사람을 맺어주고, 결합시켜준다는 점에서 보자면 이 표현 속 에로스는 두 신 모두를 가리킨다고 봐도 될 것입니다.

신화 돋보기

에로스와 프시케의 사랑을 남긴 화가들

<에로스와 프시케>
이 그림을 그린 프랑수아 에두아르는 역사화가이자 뛰어난 선생님이었습니다.

<프시케와 에로스>
이 그림을 그린 프랑수아 제라르는 신고전주의 화풍으로 인기를 얻은 프랑스의 화가입니다.

<큐피드와 프시케>
이 그림을 그린 윌리엄 아돌프 부게로는 프랑스 신고전주의 화가로, 기법과 형식에 엄격하였습니다.

시련을 이기고 진실한 사랑을 이룬 에로스와 프시케의 이야기는 많은 사람들의 사랑을 받았으며, 오랜 세월 화가들이 그린 그림의 소재가 되었습니다. 그 시대 최고의 작가들이 그린 에로스와 프시케의 사랑 이야기와 함께 각 작품의 작가들을 만나 볼까요?

〈에로스의 키스로 되살아난 프시케〉
이 조각을 조각한 안토니오 카노바는 이탈리아의 조각가이자 대표적인 신고전주의 작가입니다.

〈황금상자를 여는 프시케〉
이 그림을 그린 존 윌리엄 워터하우스는 시적인 주제를 다룬 영국의 화가입니다.

〈영생을 권하는 머큐리〉
이 그림을 그린 라파엘로 산치오는 레오나르도 다빈치, 미켈란젤로와 함께 르네상스 3대 화가의 한 사람입니다.

축제와 술의 신

디오니소스

디오니소스의 탄생

테베의 왕 카드모스와 그의 아내 하르모니아 사이에는 세멜레라는 딸이 있었습니다. 그녀는 제우스의 사랑을 받아 아이를 갖게 되었습니다. 이 사실을 알게 된 헤라가 가만히 있을 리가 없었습니다. 그녀는 세멜레의 유모로 변신해 세멜레로 하여금 제우스에게 무리한 부탁을 하게 했습니다.

"세멜레님을 찾아오시는 분이 정말 제우스 신이 맞는 걸까요? 요즘에는 신을 자처하면서 젊은 아가씨들을 꾀는 남자들이 많다는군요. 그분이 제우스 신이라면 본래 모습을 보여 달라고 하세요."

유모의 말에 세멜레도 의심이 생겼습니다. 정말 제우스인지 확인해 보고 싶어졌지요. 그래서 제우스에게 자신의 소원을 들어달라고 청했습니다.

디오니소스 | 포도주의 신 | 로마 이름:바쿠스 | 영어 이름:바커스 | 출신:올림포스 신/티탄 신/그 외 |
상징물:지팡이, 포도, 포도주, 표범, 떠들썩한 행렬

"저를 사랑하신다면 저의 소원을 들어주세요."

사랑스러운 세멜레가 소원이라고 하니, 제우스는 무슨 말이든 들어주고 싶었습니다.

"스틱스 강에 맹세코 너의 소원을 들어주리라."

여기서 제우스가 말한 스틱스 강이란 스틱스 여신을 뜻합니다. 과거 제우스가 티탄 신들과 싸울 때, 스틱스 여신은 제우스의 편을 들어 도와주었습니다. 그래서 제우스는 이에 대한 고마움의 표시로 스틱스 강에 맹세하는 것은 반드시 지키도록 하였지요. 만약 이 맹세를 지키지 않는다면 일 년 동안 신들의 음식인 넥타르와 앰브로시아를 먹지 못하고, 구 년 동안 신들의 모임이나 축제에 참여할 수 없었습니다. 때문에 스틱스 강에 맹세한다는 말에는 어떤 일이 있어도 반드시 들어준다는 의미가 담겨 있습니다.

세바스티아노 리치의 〈조브와 세멜레〉
'조브'는 제우스의 또 다른 이름입니다.

"그러면 제게 제우스님의 본래 모습을 보여주세요."

세멜레의 말을 들은 제우스는 무척 괴로웠습니다. 사실 제우스의 본 모습은 인간이 보고 견딜 수 있는 것이 아니었기 때문입니다. 제우스 본연의 모습은 불과 번개이기 때문에, 그의 본 모습을 본다면 세멜레를 죽을 수밖에 없었습니다. 그러나 스틱스 강에 맹세한 것은 반드시 지켜야 하기 때문에 제우스는 세멜레가 원하는 대로 자신의 본 모습을 보여주었습니다. 그리고 세멜레는 번갯불에 싸인 제우스의 강렬한 빛과 열을 견디지 못해 그 자리에서 타죽고 말았습니다.

이때 세멜레의 뱃속에는 아직 태어날 때가 되지 않은 아기가 있었습니다. 제우스는 헤르메스의 도움으로 세멜레의 뱃속에서 태아

니콜라 푸생의 〈바쿠스의 어린 시절〉
이모 이노와 이모부 아타마스가 지켜주는 가운데 아기 디오니소스가 사티로스가 주는 음료를 먹고 있습니다.

를 꺼내어 자기의 넓적다리에 넣고 꿰매었습니다. 이렇게 열 달을 채워 탄생한 아이가 바로 술의 신인 디오니소스인 것입니다.

시련을 딛고 신이 되다

세상에 나온 디오니소스를 키운 것은 세멜레의 언니인 이노였습니다. 처음에는 여자아이의 옷을 입혀 헤라의 눈을 피했지만, 결국 디오니소스의 존재를 알게 된 헤라는 저주를 걸어 이노를 미치게 만들었습니다. 헤라의 복수가 그 정도에 이르자 제우스는 디오니소스가 해를 입을까 걱정이 되었습니다. 그래서 아기를 니사 산의 님프에게 보내어 기르게 했습니다. 니사 산의 님프는 혹시라도 헤라가 디오니소스의 행방을 알고 복수를 할까 두려워 디오니소스를 동굴에다 숨기고 소젖을 먹여 길렀지요.

카라바조의 〈바쿠스〉
포도주와 과일은 술의 신인 디오니소스의 특성을 나타냅니다. 바로크 시대 화가인 카라바조는 신화 속의 신을 그릴 때 이상적인 모습으로 그리지 않고 실제 인물을 모델로 그렸습니다.

님프 손에 자란 디오니소스는 아주 어린 나이에 포도를 발견합니다. 그리고 포도주 만드는 법을 알게 되었습니다. 그는 사람들에게 포도를 재배하는 법을 가르치고, 포도로 만든 술을 사람들에게 전하였습니다. 이리하여 그는 과실과 풍요를 상징하는 신이 되었습니다. 그러나 헤라의 미움이 끝난 것은 아니었습니다. 헤라는 디오니소스에게 광기를 불어넣어 미치게 만들었고, 디오니소스

니콜라스 푸생의 〈디오니소스〉
포도와 포도 넝쿨은 디오니소스를 상징합니다.

는 미치광이가 되어 세상을 헤매고 다녔습니다. 그렇게 떠돌던 디오니소스는 대지의 여신인 레아를 만나 정상으로 돌아올 수 있었지요. 레아는 자신의 제의를 디오니소스에게 물려주었습니다.

레아 덕분에 헤라의 저주에서 벗어난 디오니소스는 그리스로 돌아갔습니다. 이후로 많은 사람들이 그를 따랐고 그들이 모여 축제를 벌였답니다. 그럴 때면 항상 격렬하게 춤을 추는 여자 무녀들이 디오니소스의 뒤를 따랐는데, 이들을 마이나데스라고 부릅니다. 그리고 반인반수인 사티로스들도 디오니소스를 따랐답니다.

영원히 이어질 축제

디오니소스는 그리스로 돌아가는 길에 낙소스 섬에 잠시 들렀습니다. 그곳에서 아리아드네를 만났지요. 아리아드네는 테세우스를 사랑하여 미노타우로스를 물리칠 수 있도록 도왔습니다. 하지만 테세우스는 아리아드네가 잠든 사이 몰래 섬을 떠나버렸고, 아리아드네는 슬픔에 빠져 있었지요.

디오니소스는 아리아드네에게 첫눈에 반했고, 둘은 결혼했습니다. 디오니소스는 결혼 선물로 아리아드네에게 금으로 된 왕관을 주었는데, 이 관은 나중에 별이 되어 북쪽 왕관자리가 됩니다.

결혼을 한 뒤 디오니소스와 아드리아네는 포도넝쿨로 장식한 표범이 끄는 수레를 타고, 악기를 연주하며 춤을 추는 무녀들과 사티로스들을 이끌고 요란한 행렬을 하였는데, 이것은 그리스의 연극에 많은 영향을 끼쳤습니다.

귀도 레니의 〈바커스와 아리아드네〉

신화 노트

디오니소스

1. 디오니소스는 제우스와 인간인 세멜레의 아들입니다.
2. 제우스와 헤르메스, 이모 이노와 님프들의 도움으로 자라날 수 있었습니다.
3. 디오니소스라는 이름은 '니사 산에서 자란 제우스의 아들'이라는 뜻입니다.
4. 헤라의 질투로 디오니소스는 실성한 채로 오랜 기간 방랑했습니다.
5. 디오니소스의 떠들썩한 행렬은 그리스의 연극에 많은 영향을 끼쳤습니다.

공연 한 편 더?

디오니소스는 음악과 그리스 연극에 큰 영향을 끼쳤습니다. 인류 최초의 극장 역시 디오니소스 극장이랍니다. 이 극장에서 그리스 사람들은 디오니소스 신에게 바치는 의식을 치른 후에 드라마로 연출하는 행사를 했었습니다. 이것이 바로 연극의 시초가 되었습니다. 특히 그리스의 3대 비극 시인인 소포클레스, 아이스킬로스, 에우리피데스가 만든 작품들이 엄청난 인기를 끌었지요. 아테네 아크로폴리스에는 디오니소스 극장 유적이 남아있는데, 관객을 17,000명이나 수용할 수 있는 큰 규모로 음향 효과가 뛰어나도록 설계되었다고 합니다.

그 바카스가 이 바카스

노는 데는 체력도 많이 필요하지요. 그래서일까요? 피로회복제 이름 중에 술의 신인 디오니소스, 즉 바커스의 이름을 딴 음료수가 있습니다. 이 제품이 만들어진 것이 1961년이었습니다. 당시에는 주로 회사 이름이나 성분 이름으로 제품 이름을 정하는 것이 일반적이었는데, 신화에 등장하는 신의 이름을 붙였으니 상당히 앞선 감각이자, 파격적인 결정이었다고 할 수 있겠습니다.

신의 이름을 가진 포도

독일의 가일 바일러 호프 국립 포도재배 관리연구소에서는 디오니소스의 로마식 이름인 '바커스'를 딴 포도 품종을 화이트와인 제조용으로 개발하였습니다. 그것은 디오니소스가 술의 신이기 때문이기도 하고, 그와 포도가 아폴론과 월계수처럼 떼려야 뗄 수 없는 관계이기 때문이기도 합니다. 많은 그림에서도 디오니소스는 포도넝쿨이나 잎, 포도송이와 함께 등장한답니다.

최고의 포도산지, 그리스

그리스는 고품질 와인을 생산하는데 필요한 토양, 지형, 기후 등의 조건을 모두 갖추고 있습니다. 그래서 그리스는 세계의 와인 생산지 가운데 매년 안정적으로 수확할 수 있는 곳 중 하나랍니다. 좋은 품질의 재료가 있으면 가공품이 발전하기 마련이지요. 그리스에서는 와인을 만드는 데 필요한 프레스 장치 역시 아주 일찍 개발되었습니다. 크레타 섬에서 발견된 프레스 장치는 세계에서 가장 오래된 장치로 기원전 1600년경에 만들어졌습니다.

신화 돋보기

아폴론과 디오니소스는 스타일이 달라

아폴론

아폴론 스타일(고전주의)
- 팬들도 아름답고 품격있는 무사이 여신!
- 음악은 장엄하고 격조 있게!
- 예술은 냉정하고 이성적으로!

올림포스 십이신이자 제우스의 아들인 아폴론과 디오니소스는 여러 면에서 다른 특징을 갖고 있는 신들입니다. 독일의 철학자 니체는 《비극의 탄생》이라는 책에서 예술을 탄생시키는 힘을 아폴론 스타일과 디오니소스 스타일로 나누어 설명합니다. 그렇다면 두 신이 어떻게 다른지 비교해 볼까요?

디오니소스

디오니소스 스타일(낭만주의)
- 팬들도 미친 듯이 춤을 추는 오빠부대들!
- 음악은 충동적이고 떠들썩하게!
- 예술은 감정적이고 열정적으로!

하늘의 무게를 견디는 벌을 받은 자
아틀라스

티탄 신의 편에 선 죄로 받은 벌

옛 그리스 사람들은 아틀라스라는 거인이 하늘을 받치고 있다고 믿었습니다. 아틀라스가 하늘을 떠메고 있게 된 것은 그로부터도 더 옛날, 티탄 신들과 올림포스 신들이 벌인 싸움의 결과에 따른 것입니다.

아틀라스는 티탄 신들이 올림포스 신들과 싸웠을 때 티탄 신족의 편을 들었습니다. 아틀라스의 아버지인 이아페토스가 티탄 십이신 가운데 하나였기 때문이지요. 제우스를 비롯한 올림포스 신의 편을 들었던 그의 동생 프로메테우스와 달리 아틀라스는 아버지와 나머지 티탄 족을 버릴 수 없었습니다.

티탄 족이 패배하자 제우스는 올림포스 신들의 편을 들지 않았던 티탄 신들을 따로 모아 땅 속 깊은 곳인 타르타로스에 가두어 버렸습니다.

아틀라스 천구를 떠받드는 신 | 로마 이름:아틀라스 | 영어 이름:아틀라스 | 출신:올림포스 신/티탄 신/그 외 | 상징물:천구

제우스는 아틀라스를 타르타로스에 가두는 대신에 조금 다른 벌을 내렸습니다. 바로 영원히 하늘을 떠받치는 벌이었습니다.

헤라클레스와의 만남

아틀라스는 무거운 하늘을 쉬지 않고 떠받들고 있는 것이 힘들었습니다. 하늘의 무게가 무겁기도 했지만, 무척 지겨운 일이기도 했습니다. 그러던 어느 날, 손님이 하나 찾아왔습니다. 헤라클레스라는 잘생긴 청년이었지요. 아틀라스는 몰랐지만, 헤라클레스는 에우리스테우스가 내린 열두 가지 과업을 해결하는 중이었습니다. 그리고 그중 하나가 아틀라스의 딸들인 헤스페리데스 자매가 지키는 황금사과를 가져오는 것이었지요. 그 황금사과는 세계의 서쪽 끝, 낮과 밤의 경계에 있는 정원의 사과나무에서만 열렸습니다. 이 나무는 대지의 여신 가이아가 제우스와 헤라가 결혼할 때 선물로 준 아주 특별한 나무였습니다. 무엇보다 머리가 백 개 달린 용 라돈이 지키고 있어서 무척 어려운 임무였습니다. 또한 황금 사과가 헤스페리데스

에드워드 번 존스의
〈헤스페리데스의 정원〉
헤스페리데스는 '저녁의 아가씨들'이라는 뜻입니다. 아이글레와 아레투사, 헤스페리아로 구성되어 있습니다.

크리스티안 그리펜케를의
〈프로메테우스를
구해주는 헤라클레스〉

의 정원에서 난다는 것까지는 알려져 있었지만, 그 정원이 어디에 있는지는 수수께끼였습니다. 이후 헤라클레스는 그 정원이 세상의 끝에 있다는 것을 알게 되지만, '세상의 끝'의 위치나 방향을 잡지 못했습니다. 그렇게 헤매고 다니던 헤라클레스는 코카서스 바위산에 묶인 프로메테우스를 만나게 되었습니다. 헤라클레스는 프로메테우스의 처지를 불쌍하게 여겨 그를 구해 주었습니다. 프로메테우스 역시 헤라클레스의 딱한 사정을 알게 되었지요.

"헤라클레스, 아틀라스에게 찾아가 보시오."

프로메테우스의 조언을 들은 헤라클레스는 서둘러서 아틀라스를 찾아갔습니다. 그리고 하늘을 받치고 있는 일이 얼마나 힘들고 지루하고 괴로운지에 대해서 투덜거리는 아틀라스의 이야기를 들었지요. 잠시 후, 헤라클레스가 아틀라스에게 한 가지 제안을 했습니다.

"제가 하늘을 잠시 받치고 있을 테니, 당신의 딸들로부터 황금사과를 구해 주지 않겠습니까?"

무거운 하늘을 들고 있던 것이 너무 힘들었던 아틀라스는 흔쾌히 승낙하고 세 개의 황금사과를 가지고 왔습니다.

'저 자리에 돌아가면 다시 그 무거운 하늘을 들어야 하는 것인가?'

아틀라스는 성큼성큼 헤라클레스에게 다가가다 말고 속도를

> **존 싱어 사전트의 〈아틀라스와 헤스페리데스〉**
> 하늘을 어깨에 메고 있는 아틀라스와 그의 딸들인 헤스페리데스 자매들입니다. 그리스에 전해지는 여러 이야기 중에서 아틀라스는 하늘의 법칙을 알려주는 천문학자로 등장하기도 한답니다.

헤라클레스와 라돈
헤라클레스는 스스로 사과나무를 찾았으나, 라돈은 도저히 이길 수 없었습니다. 그래서 아틀라스에게 부탁을 하게 된 것입니다.

늦추면서 생각했습니다. 하늘을 한 번 내려 놓고 나니 다시는 들고 싶지 않았습니다. 늘 짓눌렸던 어깨도 한결 가벼웠고, 위로 뻗고 있느라 쥐가 날 것 같이 뻣뻣했던 팔도 편안해졌기 때문이지요. 오랜만에 만난 딸들과 제대로 다시 이야기를 나눠 보고 싶기도 했습니다. 하늘을 받치고 있는 헤라클레스에게 돌아온 아틀라스는 헤라클레스로부터 하늘을 받기는커녕 이렇게 말했습니다.

"그 왕이 아주 교활하다고 하지 않았소? 내가 직접 에우리스테우스에게 황금사과를 갖다 주고 오겠소. 당신은 여기서 좀 더 하늘을 받치고 있도록 하시오."

말은 그렇게 했지만, 아틀라스는 헤라클레스에게 하늘을 떠맡기려고 했습니다. 그러나 헤라클레스는 아틀라스의 속셈을 금세 알아챘습니다. 그래서 이렇게 말했지요.

"좋습니다. 다만 지금 자세가 불편해서 그러는데, 요

헤라클레스의 열두 과업을 표현한 부조

령이 뭔지 좀 보여주겠습니까?"

"그거야 어렵지 않지."

아틀라스는 그 말을 듣고 황금사과를 내려놓은 뒤 하늘을 받아들고는 이제까지 그가 들었던 자세를 보여주려고 했습니다. 하지만 헤라클레스는 아틀라스가 하늘을 건네받는 순간 황금사과를 챙겨들고는 달아나 버리고 말았습니다. 그렇게 해서 아틀라스는 다시 하늘을 떠받들고 있는 신세가 되었답니다.

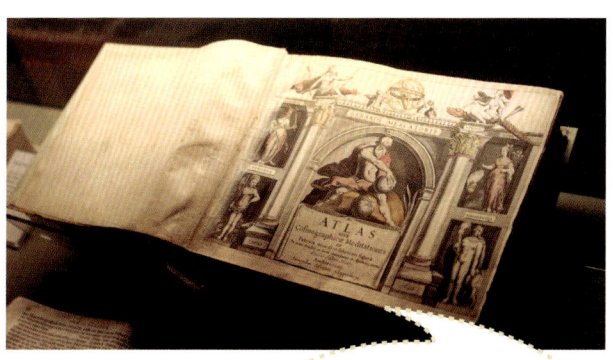

1595년에 메르카토르가 세계지도책을 완성한 후 '아틀라스'라는 제목을 붙이면서 아틀라스는 지도책을 가리키는 단어가 되었습니다.

아틀라스

1. 티탄 신족 편을 들었다가 하늘을 받치고 있는 벌을 받았습니다.
2. 아틀라스의 딸인 히스페리데스는 황금사과를 지키고 있습니다.
3. 바다와 산맥 중에는 아틀라스의 이름에서 비롯된 것이 있습니다.
4. 지도책을 '아틀라스'라고 부르기도 합니다.

산이 되어서라도 하늘을 받치리!

아프리카 대륙 북서부에 동서로 뻗어 있는 아틀라스 산맥은 아틀라스에서 비롯되었습니다. 신화에서는 이 산맥이 아틀라스가 변해서 생긴 것이라고 설명합니다. 아틀라스가 산맥으로 변하게 된 것은 페르세우스의 청을 거절했기 때문입니다. 메두사의 머리를 베어 고향으로 돌아가던 페르세우스는 아틀라스에게 잠자리를 청하였는데, 아틀라스가 이를 거절했답니다. 그러자 화가 난 페르세우스가 메두사의 얼굴을 아틀라스에게 들이밀었고, 그 얼굴을 보고 놀란 아틀라스는 돌이 되었답니다.

메두사로 고통을 없애주게!

다른 이야기에서는 아틀라스가 무거운 하늘을 들고 있는 것을 너무 고통스러워해서 페르세우스가 그를 돌로 바꾸어 주었다고도 합니다. 어느 쪽 이야기든 옛날 사람들은 아틀라스 산맥이 아틀라스가 돌로 변한 것이라고 믿었습니다. 그리고 모로코와 알제리, 튀니지에 걸쳐 있는 이 산맥에 면한 바다인 대서양을 서양에서는 '아틀라스의 바다' 라는 뜻을 가진 아틀란틱 오션(Atlantic Ocean)이라고 부른답니다.

사라진 대륙, 아틀란티스

아틀란티스는 대서양에 있었다고 전해지는 전설의 대륙으로, 아시아와 아프리카 대륙을 합친 것보다 컸으며 포세이돈이 만들었다고 합니다. 아틀란티스를 언급한 가장 오래된 문서는 바로 철학자이자 사상가인 플라톤의 책《대화》입니다. 플라톤에 따르면, 아틀란티스는 강력한 군사조직을 갖추었을 뿐만 아니라 기술력도 뛰어났으며, 각종 산물이 풍부하게 생산되었고, 이웃나라와 활발하게 교역을 하기도 했습니다. 하지만 고도화된 기술력과 문화에 빠진 아틀란티스 인들은 탐욕과 쾌락만 추구하여 올림포스 신들을 화나게 만들었고, 아틀란티스 대륙과 문명은 멸망하고 말았습니다.

아틀란티스에 대한 각종 이야기

어떤 사람들은 아틀란티스 대륙 자체가 사라져 버렸다고 말하고, 어떤 사람들은 심한 지진과 화산활동으로 가라 앉아버렸다고 주장합니다. 1882년, 미국의 이그나티우스 도넬리 의원이《아틀란티스, 대홍수 이전의 세계》라는 책을 펴내면서 다시 아틀란티스 대륙이 실제로 존재했다고 주장해 사람들의 호기심을 자극하기도 했습니다.

지명이 된 신화 속의 인물들

세계 지도를 가만히 들여다보고 있으면, 그리스 로마 신화 속 인물의 이름이나, 신화 속 이야기가 산이나 바다, 대륙의 이름이 된 경우가 많다는 것을 알게 됩니다. 그럼, 대표적으로 어떤 지명이 있는지 한 번 살펴볼까요?

인간에 대한 사랑이 남달랐던 신
프로메테우스

지혜와 사랑이 넘치는 신

프로메테우스는 티탄 신족인 이아페토스와 바다의 님프인 클리메네 사이에서 태어난 신입니다. 프로메테우스는 티탄 신족이었지만 티탄 신들과 올림포스 신들 사이에서 전쟁이 벌어졌을 때, 올림포스 신들의 편을 들었습니다. 그에게는 미래를 예지하는 능력이 있어서 올림포스 신들이 이길 것을 알고 있었기 때문이지요. 덕분에 그는 전쟁이 끝난 후 다른 티탄 신들처럼 벌을 받지 않고 올림포스에서 살았습니다.

"프로메테우스, 당신에게 세상을 재정비하고 신들을 경배할 존재들을 만드는 임무를 내리겠소."

제우스의 명령대로 흙과 물로 정성스레 빚는 사이에 프로메테우스는 자신이 만든 인간에게 점점 애정을 갖게 되었습니다. 그래서 그들

프로메테우스 불을 전달한 신 | 로마 이름:프로메테우스 | 영어 이름:프로미타우스 | 출신:올림포스 신/티탄 신/그 외 | 상징물:점토, 펜넬 구근

에게 집을 짓는 법이나 가축을 기르는 법, 배를 만드는 법 등을 가르쳤습니다.

한번은 신과 인간들이 제우스에게 바칠 제물 때문에 다툰 적이 있었습니다. 이때 프로메테우스가 나서서 제물을 한쪽은 고기와 내장, 한쪽은 뼈로 나누었습니다. 프로메테우스는 인간에게 좋은 것을 주기 위해 맛있는 고기와 내장은 맛없어 보이도록 위장하고, 뼈는 두꺼운 지방으로 감싸 맛있게 보이도록 해서 제우스에게 바쳤습니다.

제우스는 두 가지 제물 중 풍짐해 보이는 쪽을 선택했지요. 그런데 그쪽이 사실은 뼈만 잔뜩 들어 있는 제물이었던 것입니다. 이 사실을 안 제우스는 머리끝까지 화가 났습니다.

"감히 나를 속이고 인간의 편을 들어? 프로메테우스 이놈, 두고 보자."

크리스티안 그리펜케를의 〈제우스에게서 불을 훔치는 프로메테우스〉
제우스가 잠들어 있는 사이에 프로메테우스가 살금살금 다가오고 있습니다. 제우스의 옆에 누워 있는 것은 헤베를 대신해서 앰브로시아와 넥타르를 나눠주는 일을 했던 가니메데스입니다.

프로메테우스 137

끔찍한 형벌

제우스의 미움을 사게 되었지만, 프로메테우스는 신경을 쓰지 않았습니다. 오히려 인간을 위해 해 줄 일이 더 없을까 고민했답니다. 그러다가 인간들의 모습이 눈에 들어왔습니다. 인간을 위협하는 동물들은 거칠고 억센 가죽을 가져서 쉽게 다치지 않았고, 날카로운 이빨과 발톱을 가지고 있어서 쉽게 인간을 상처 입혔습니다. 그래서 인간들이 아무리 집을 지어 스스로를 보호하려고 해도 어둠이 내리면 꼼짝도 할 수 없었습니다. 밤이 찾아오면 각종 짐승들이 사람들이 사는 동네로 내려와서 애써 길러놓은 가축을 잡아가거나, 힘들여 정리해 둔 밭을 헤집어놓곤 했습니다.

프로메테우스는 오랜 생각 끝에 올림포스 신들이 가지고 있는 불을 떠올렸습니다.

귀스타브 모로의 〈프로메테우스〉
모로가 그린 프로메테우스는 독수리가 독수리가 간을 쪼아 먹는 상황에서도 눈을 부릅뜨고 하늘을 노려보고 있습니다. 이는 프로메테우스의 강한 의지와 신념을 보여줍니다.

"그래, 불이 있다면 어둠이 내려도 안전하겠지. 게다가 불을 이용해서 여러 가지를 만들 수도 있을 거야!"

프로메테우스는 올림포스 산에 올라, 제우스가 잠시 잠든 사이에 불을 훔쳐 인간에게 가져다 주었습니다. 불을 얻은 인간들은 다른 동물들을 제압할 수 있게 되었고, 각종 도구들을 만들 수 있게 되었습니다. 불이야말로 인간에게는 소중한 선물이었습니다.

하지만 프로메테우스가 불을 훔쳤다는 것을 안 제우스는 머리끝까지 화가 났습니다. 당연히 자신의 편을 들어야 할 프로메테우스가 번번이 인간들의 편을 들고 자신을 속이니 제우스로서는 화가 날 수밖에 없었습니다.

"이번에는 절대로 용서할 수 없다. 네가 감히 상상도 못한 무거운 형벌을 내리리라!"

제우스는 프로메테우스를 잡아 오케아노스 강 끝에 있는 코카서스 산 암벽에 쇠사슬로 묶어 놓았습니다. 하지만 그것만으로 끝나지 않았습니다. 매일 독수리가 날아와 프로메테우스의 간을 쪼아 먹었던 것입니다. 그리고 밤이 되면 쪼아 먹혔던 간은 다시 자라났고, 해가 뜨면 또다시 독수리가 날아와 간을 쪼아 먹었습니다. 프로메테우스는 그렇게 매일 간을 파 먹히는 고통을 당해야 했습니다.

꺾이지 않은 의지

티탄 신과 올림포스 신들 간의 전쟁에서 올림포스 신들이 이길 것을 미리 알고 있었던 것처럼, 프로메테우스는 제우스의 미래도 예언할 수 있었지요. 프로메테우스는 제우스와 관련하여, 제우스가 따라다니던 테티스라는 네레이스가 낳은 아이는 아버지보다 위대해질 것이라는 예언을 해서 제우스의 마음을 돌린 적도 있었습니다. 때문에 매일 독수리에게 살과 간을 쪼이는 대신에 제우스가 세상을 영원히 다스리려면 어떻게 해야 할지를 예언해 준다고 하기만 하면 금세 풀려날 수 있었습니다. 하지만 프로메테우스는 그러지 않았지요.

> **프로메테우스의 동생인 에피메테우스와 판도라**
> 에피메테우스가 들고 있는 항아리 안에는 질병이나 나쁜 감정 같은 해로운 것이 들어 있었습니다. 판도라는 호기심을 참지 못하고 그 항아리를 열고 말지요. 초기에는 항아리였으나 후대로 내려가면서 '상자'로 형태가 바뀌어 전해졌습니다.

"내가 빚어서 태어나게 한 인간들을 돌보기 위해 불을 준 것이 무슨 잘못인가! 나는 그들을 책임지고 돌봐줘야 할 의무가 있어!"

프로메테우스는 제우스가 자신에게 주는 벌이 부당하며, 인간들에게 불을 준 것은 옳은 행동이었다고 생각했습니다. 그래서 그는 끝까지 제우스에게 사과를 하지도 않았고, 굴복하지도 않았지요. 많은 예술가들은 프로메테우스를 권력에 저항하는 투사로 표현하기도 했습니다.

프로메테우스의 이 끔찍한 형벌은 헤라클레스가 독수리를 쏘아 죽이고 프로메테우스를 풀어준 후에야 끝났습니다. 그제야 제우스는 프로메테우스를 용서하고 다시 올림포스로 불러들였답니다.

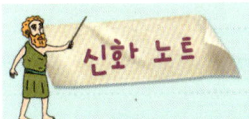

프로메테우스

1. 티탄 신인 프로메테우스는 미래를 볼 수 있는 능력이 있었습니다.
2. 티탄 신과 올림포스 신들의 전쟁에서 올림포스 신들이 이길 것을 미리 알고 올림포스 신의 편을 들었습다.
3. 제우스의 명령에 따라 세상을 정비하고 각종 동물과 인간을 빚었습니다.
4. 제우스에게서 불을 훔쳐다 인간에게 줌으로서 코카서스 산에 묶여 독수리에게 산 채 간이 쪼이는 끔찍한 벌을 받았습니다.
5. 헤라클레스가 독수리를 쏘아 죽이고 프로메테우스를 구해 주었습니다.
6. 프로메테우스의 동생인 에피메테우스는 판도라를 아내로 맞았는데, 판도라는 열어서는 안 되는 상자를 열고 말았습니다.

뉴욕 록펠러 센터의 프로메테우스

미국 뉴욕 록펠러 센터에는 프로메테우스의 동상이 있습니다. 황금빛으로 빛나는 이 동상은 미국의 유명한 조각가인 폴 맨쉽의 작품인데, 오른쪽 손에는 인간에게 전해 줄 불을 들고 있습니다. 겨울이면 그 동상의 앞으로는 아이스링크가 생기고, 뒤로는 크리스마스 트리가 설치되곤 합니다. 록펠러 센터의 프로메테우스 상은 뉴욕에 가면 한 번쯤 들러야 할 명소입니다.

미리 Prologue, 나중에 Epilogue

프로메테우스의 '프로(Pro)'에는 '미리'라는 뜻이, 동생인 에피메테우스의 '에피(Epi)'에는 '나중에'라는 뜻이 있습니다.

신들이 두 형제에게 선물을 주겠다고 했을 때, 프로메테우스는 '미리' 동생에게 경고하지요. 하지만 에피메테우스는 형의 경고도 잊고 판도라의 아름다움과 말솜씨에 빠져 결혼을 약속하고 맙니다.

프롤로그와 에필로그

판도라가 열면 안 되는 상자를 연 뒤에야 에피메테우스는 판도라의 위험성을 깨닫게 되었지요. 그래서 프로메테우스는 '미리 생각하는 자'가 되고 에피메테우스는 '나중에 후회하는 자'라는 의미를 갖게 되었습니다.

여기에서 파생한 단어가 프롤로그(Prologue)와 에필로그(Epilogue)입니다. 프롤로그는 프로메테우스처럼 이야기의 앞에, 에필로그는 에피메테우스처럼 이야기가 끝난 후에 나온답니다.

신화 돋보기

제우스의 기분을 상하게 하면 큰일이야!

프로메테우스
인간에게 불을 훔쳐다 준 죄로 다음 날이면 재생되는 간을 영원히 파 먹히는 벌을 받았습니다.

헤라
반역을 꾀했던 헤라는 발이 묶여 하늘에 거꾸로 매달리는 벌을 받았습니다.

아틀라스
티탄 신과의 전쟁에서 티탄 신들의 편을 든 죄로 하늘을 영원히 받치는 벌을 받았습니다.

제우스는 인간에게도 자비로운 신이 아니었지만, 다른 신들에게도 마찬가지였습니다. 제우스에게 거짓말을 하거나, 제우스를 배신하려고 하면 무척 고통스러운 벌을 주었습니다. 제우스의 벌은 인간이나 신을 가리지 않았고, 가족도 비껴가지 않았습니다. 제우스가 내린 벌 중 대표적인 벌에는 어떤 것이 있는지 한 번 살펴볼까요?

포세이돈
반역을 꾀했다가 들킨 포세이돈은 트로이아의 왕 라오메돈의 노예가 되는 벌을 받았습니다.

아폴론
아폴론이 키클롭스를 죽이자 제우스는 일 년 동안 페라이의 왕인 아드메토스의 노예가 되는 벌을 내렸습니다

델로스
헤라를 존경하여 제우스의 구애를 거절하다 바다에 떨어진 델로스가 섬이 되자, 제우스는 자신의 구애를 거절한 벌로 그 섬에 아무것도 살지 못하게 했습니다.

하루의 절반을 책임지는 신
헬리오스

파에톤의 소원

헬리오스는 히페리온과 테이아의 사이에서 태어난 티탄 신으로, 같은 부모님 아래서 태어난 새벽의 여신 에오스, 달의 여신 셀레네와 함께 하루를 책임지는 태양의 신입니다. 헬리오스는 태양마차를 타고 새벽에 동쪽 바다에서 떠올라 낮 동안 하늘을 가로질러 저녁에는 서쪽 바다로 내려갑니다. 그리고 새벽까지 동쪽으로 이동해서 다음 날 아침에 다시 올라오지요. 그것은 태양신에게 가장 중요한 일이며 태양신 헬리오스가 아닌 다른 어떤 신도 할 수 없는 일입니다.

그런 헬리오스에게는 파에톤이라는 아들이 있었습니다. 파에톤은 아버지가 누군지 모른 채로 어머니인 클리메네 밑에서 자랐습니다. 어느 날 파에톤이 클리메네에게 물었습니다.

헬리오스 태양의 신 | 로마 이름:쏠 | 영어 이름:썬 | 출신:올림포스 신/티탄 신/그 외 | 상징물:태양마차

"어머니, 제 아버지는 누구십니까?"

어머니와 둘이서만 살고 있던 파에톤은 점점 자라면서 친구들이나 이웃과 자신을 비교하게 되었습니다. 그리고 자신에게는 아버지가 없다는 것을 알게 되었던 것이지요. 클리메네는 파에톤의 손을 잡고 말해 주었습니다.

"네 아버지는 태양의 신이신 헬리오스란다."

파에톤은 자신이 태양신의 아들이라는 사실이 자랑스러웠습니다. 그래서 사람들에게 자랑하고 다녔지요.

그러나 사람들은 거짓말이라며 오히려 파에톤을 비웃었습니다.

"네 아버지가 태양의 신이라고?

니콜라 푸생의 〈셀레네와 엔디미온〉

헬리오스가 아폴론과 혼동되었듯, 셀레네 역시 아폴론의 누나인 아르테미스와 혼동되곤 했습니다. 태양마차와 태양신이 하늘을 가르고 있는 모습이 보입니다.

거짓말을 하려면 믿을 법한 말을 해야지!"

"네 아버지가 헬리오스 신이면, 내 아버지는 제우스 신이다!"

사람들이 거짓말이라고 하며 비웃자 파에톤은 부끄럽기도 했지만 한편으로는 무척 화가 났습니다.

"직접 아버지를 뵙고 사실을 확인하겠어. 이대로는 나도 정정당당하게 내가 헬리오스 신의 아들이라고 말할 자신이 없어."

파에톤은 헬리오스를 직접 만나야겠다고 결심하고 여행을 떠났습니다. 파에톤은 동쪽과 서쪽에 각각 하나씩 있다는 헬리오스의 궁전으로 향했습니다. 힘들고 고된 여행이었지만 파에톤은 그때마다 친구들이 자신을 비웃었던 순간을 떠올리며 견뎠고, 간신히 헬리오스의 궁전에 도착했습니다.

부자의 재회

궁전에는 헬리오스가 환한 빛을 내뿜으며 아들을 기다리고 있었습니다. 파에톤은 떨리는 목소리로 물었습니다.

"진정 태양신인 당신이 나의 아버지인가요?"

그러자 헬리오스가 대답했습니다.

"너는 내 아들이 맞다. 그 증거로 네 소원을 들어주마."

그리고는 헬리오스는 스틱스 강을 걸고 그 소원을 들어주겠다고 맹세했습니다. 신들의 세상에서 스틱스 강을 걸고 한 맹세는 반드시 지켜야 하는 것이었지요. 그러나 파에톤의 소원은 헬리오스가 미처 생각하지 못한 것이었습니다.

"아버지의 태양마차를 하루만 몰게 해 주세요."

파에톤의 부탁에 헬리오스는 무척 당황했습니다. 태양마차를 모는 일은 오로지 헬리오스만이 할 수 있는 일이었기 때문이지요. 만약 파에톤이 몰다가 태양이 길을 잃어 아래로 곤두박질치면 인간 세상에 무서운 재앙이 닥치기 때문이랍니다. 그래서 헬리오스는 간절하게 파에톤을 설득했습니다.

니콜라 푸생의 〈새턴과 사계절의 신과 같이 있는 헬리오스와 파에톤〉

파에톤이 아버지 헬리오스에게 태양마차를 몰게 해달라고 조릅니다. 헬리오스는 별자리가 새겨진 금빛 아치 아래 월계관을 쓰고 리라를 갖고 있어요. 화가 푸생은 헬리오스와 아폴론을 같은 태양신으로 여긴 모양입니다.

"아들아, 다른 소원을 이야기하렴. 무엇이든 들어주마. 그러나 태양마차를 모는 일만은 소원으로 말하지 말아라."

하지만 파에톤의 마음은 변하지 않았습니다. 그는 무슨 일이 있어도 꼭 태양마차를 몰아야겠다고 고집을 부렸습니다. 그는 태양마차를 몰고 가는 자신의 모습을 고향의 친구들과 이웃에게 보여주고 싶었습니다. 태양마차를 모는 것이야말로 헬리오스 신과 가까운 사이라는 확실한 증거가 될 테니까요.

태양마차의 질주

헬리오스는 아들에게 재앙이 닥치리라는 것을 예감했지만 스틱스 강에 맹세했기 때문에 소원을 들어주지 않을 수 없었습니다.

"네가 고집을 부리니 할 수 없구나. 대신 너무 높게 날아서도 안 되고 너무 낮게 날아서도 안 된다. 하늘에 떠 있는 별자리들을 조심하려무나. 그리고 신들의 제단을 태우지 않게 조심하렴."

태양마차를 몬다는 기대에 들뜬 파에톤에게 헬리오스의 당부는 제대로 들리지도 않았습니다. 아들의 안위가 걱정스러웠던 헬리오스는 몇 번이나 당부했지만, 파에톤은 헬리오스의 충고를 뒤로 하고 태양마차에 올라 고삐를 단단히 잡고 마차를 출발시켰습니다.

"뭐야, 어렵지도 않잖아?"

파에톤은 헬리오스의 당부와 달리 태양마차를 모는 데 어려움이 없자 이내 우쭐해졌습니다. 하지만 태양마차를 끄는 천마들은 달랐습니다.

처음에는 고분고분했던 마차의 천마들은 이내 마차가 평소와 달리 무척 가볍다는 것을 눈치챘습니다. 그리고 평소의 주인이 아니라는 것을 알고 날뛰기 시작했습니다. 우쭐해져서 마음을 놓고 있던 파에톤은 처음과 달리 사납게 날뛰는 천마들에 놀라 그만 고삐를 놓치고 말았습니다. 고삐 풀린 천마들이 이리 뛰고 저리 뛰니 당연히 태양마차 역시 평소에 다니던 하늘 길에서 벗어날 수밖에 없었습니다.

비극으로 끝난 만남

하늘 길에서 벗어난 마차의 천마들은 주인이 아닌 자를 내려놓고 싶어 아래로 내달렸습니다. 태양마차가 가까워지자 대지는 뜨겁게 달아

조셉 하인츠의 〈파에톤의 추락〉

제우스의 벼락을 맞아 파에톤은 지상으로 떨어져 죽게 됩니다. 파에톤이 왜 이런 벌을 받았는지는 그림에 설명 되어 있어요. 땅 밑의 하데스와 바다 밑의 포세이돈이 놀랄 정도로 대지와 바다가 뜨거워 졌기 때문입니다.

헬리오스 151

클로드 로랭의
〈슬퍼하는 헬리아데스가
있는 항구〉

오르다 못해 불타오르고, 강과 바다는 펄펄 끓으며 말라갔습니다. 천마들은 대지의 뜨거운 열기와 불길을 피해 하늘로 올라가 별자리 사이를 마구 내달렸습니다. 그러자 별자리들이 아우성을 치며 열기를 피하느라 본래 자리에서 벗어나기 시작했습니다.

대지가 불타고 물이 끓어오르니 인간들이 겪는 고통은 말할 것도 없고, 자신들이 올려놓은 소중한 별자리들이 흐트러지자 신들도 분노했습니다. 하늘과 대지가 혼란에 빠지는 것을 보다 못한 제우스는 결국 파에톤에게 벼락을 던졌습니다. 제우스의 벼락에 맞은 파에톤은 그 자리에서 불덩어리가 되어 지상으로 떨어졌지요.

에리다노스 강의 신이 불덩어리가 된 파에톤의 시신을 받아주었습니다. 헬리오스의 친구였던 키그누스는 강을 뒤져 파에톤을 건져내었지요. 또한 헬리오스의 딸들인 헬리아데스 자매는 파에톤의 죽음을 슬퍼하며 나무가 되었습니다. 슬픔에 빠진 헬리오스는 그 다음 날까지 자취를 감추었습니다. 그리고 그 날은 하루 종일 태양이 뜨는 일 없이 밤이 계속되었답니다.

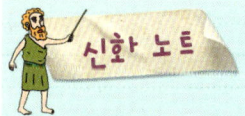

헬리오스

1. 티탄 신인 히페리온과 테이아 사이에서 태어났습니다.
2. 달의 여신 셀레네와 새벽의 여신 에오스와 남매입니다.
3. 마녀 키르케, 미노스의 아내 파시파에, 파에톤 등 많은 자식을 두었습니다.
4. 에오스가 지나가고 나면, 그 뒤를 태양마차를 타고 하늘의 중앙을 가로질러 달렸습니다.

음악이 된 헬리오스

태양의 신 헬리오스에게서 영감을 받아서 탄생한 음악이 있습니다. 〈헬리오스 서곡〉이라는 클래식 음악이랍니다. 덴마크의 유명한 작곡가인 카를 닐센이 작곡한 이 작품은 해가 뜨는 순간부터 지는 순간까지를 음악적으로 묘사한 조용하고 차분한 곡입니다.

작곡가 카를 닐센

카를 닐센은 덴마크 문화사에 큰 획을 그은 작곡가로, 그의 아내인 안네 마리는 그리스 예술을 공부한 조각가였습니다. 안네 마리 덕분에 아테네를 방문했던 카를 닐센은 어느 날 에게 해에서 떠오르는 해를 보게 되었지요. 그리고 그 감동을 음악으로 옮겼습니다.

카를 닐센은 〈헬리오스 서곡〉을 1903년 3월에 작곡하기 시작해서 같은 해 4월 23일에 마쳤답니다. 이후 터키로 여행을 떠났던 두 부부는 7월 말 코펜하겐으로 돌아왔고, 같은 해 8월에 이 작품을 초연하였습니다.

고대의 최대 불가사의, 로도스의 거상

로도스는 고대 무역의 중심지였습니다. 그 때문인지 자주 침입을 당하고 점령당했지요. 기원전 357년에는 헬리카나소스에, 기원전 340년에는 페르시아에, 기원전 332년에는 마케도니아에 점령당했습니다. 마지막 점령국인 마케도니아의 알렉산더 대왕이 죽자, 넓은 영토의 소유권을 놓고 전쟁이 벌어졌습니다. 로도스 역시 마케도니아와 전쟁을 벌였고, 1년의 긴 싸움 끝에 로도스가 승리합니다.

헬리오스에게 바치는 조각상

로도스인들은 자신들의 승리를 축하하며 수호신인 헬리오스의 거대한 조각상을 세우기로 결정합니다. 33미터에 달하였던 그 조각상은 로도스 섬 항구 입구에 세워졌습니다. 56년 동안 그 자리를 지켰던 조각상은 기원전 224년 지진 때문에 붕괴되고 말지요.

7세기경 아랍인이 로도스 섬에 침입하여 이 청동들을 가지고 가 팔아 버림으로써 거상의 흔적은 사라지게 되었습니다. 후대 사람들은 거상이 항만 입구에 서 있었을 것이라 상상하지만, 현대의 과학자들은 그런 형태의 조각상을 세우는 것은 불가능하다고 말한답니다. 그래서 헬리오스의 거상은 고대 7대 불가사의로 남아 있습니다.

"the colossus of rhodes"

신화 돋보기

부모를 거역한 신화 속의 인물은?

"아들, 너무 높이 날면 안 돼."

다이달로스
파시파에를 위한 소 인형, 미노타우로스를 가둘 미궁, 미궁 탈출용 실의 제작자. 미궁 탈출용 실을 만든 벌로 아들과 함께 미궁에 갇히자 날개를 만들어서 탈출하려 한 천재 기술자.

"황금양은 내 보물이야!"

아이에테스 왕
외국에서 온 낯선 사람은 모두 감옥으로 보냈던 왕. 외국에서 온 낯선 사람에게 황금양털을 빼앗기면 왕의 자리도 빼앗긴다는 예언때문에 외국인은 모두 감옥에 보냈던 잔인한 사람.

니소스 왕
승리와 안전을 보장하는 보라색 머리카락을 가졌던 왕. 크레타의 왕 미노스와 싸울 때도 끝끝내 지지 않고 나라를 잘 지켰지만, 자식 교육을 잘못해서 슬픈 최후를 맞은 아버지.

"딸, 우리나라를 위해서 아빠 머리카락은 건드리지 마라!!"

옛날이나 요즘이나 부모님 말씀을 듣지 않는 청개구리들은 꼭 있었습니다. 그리스 로마 신화도 예외는 아니지요. 부모님의 말을 듣지 않고 하고 싶은 대로 했다가 일어난 결과는 전부 제각각이지만 대개는 불행한 결과라는 공통점이 있습니다. 그러면 부모님의 말을 무시하고 제멋대로 했다가 끔찍한 결과에 다다른 불효자식들에는 누가 있는지 알아볼까요?

이카로스

천재 기술자의 아들. 높이 날지 말라는 아빠 말을 무시하고 너무 높이 날았다가 깃털을 고정시킨 밀랍이 녹아 떨어져 죽고 만 어리석은 아이.

스킬라

크레타의 왕 미노스를 보고 한눈에 반해 모든 것을 잊어버린 공주. 빨리 전쟁이 끝나서 사랑하는 미노스 왕을 보고 싶은 마음에 이성을 잃고 자신의 아버지에게 끔찍한 짓을 해버린 딸.

메데이아

이아손을 사랑해서 아버지의 황금 양털을 훔친 딸. 이아손에게 황금 양털을 갖다 주고 함께 콜키스를 탈출하지만, 결국 옳지 않은 방법으로 얻었던 이아손의 사랑을 잃고 끔찍한 복수를 하는 공주.

장난을 좋아하는 목동의 신
판

어머니도 버린 흉측한 외모

판은 태어날 때부터 이미 얼굴에 주름이 가득하고 수염이 덥수룩했습니다. 그래서 판을 낳은 어머니는 아기의 얼굴을 보고 기겁해서 도망갔지요. 헤르메스는 기괴하게 생긴 아기를 올림포스에 데려갔습니다. 아기의 얼굴을 본 올림포스의 신들은 판에게 자연의 혼이 깃들어 있다며 오히려 기뻐했지요. 그중에서도 디오니소스가 판의 모습을 보고 특히 귀여워해 주었다고 합니다.

"너는 참 못생긴 것 같으면서도 귀여운 것도 같고, 우습게 생긴 것도 같구나!"

디오니소스가 특히 귀여워해서였을까요? 판은 특히 디오니소스를 많이 따랐으며 숭배했습니다.

판 | 목동과 가축의 신 | 로마 이름:파우누스 | 영어 이름:판 | 출신:올림포스 신/티탄 신/그 외 | 상징물:풀피리, 목동의 막대기, 소나무 화관, 손에 든 솔가지

판의 부모님에 대해서는 여러 가지 이야기가 있습니다. 자연의 신이자 야생의 신인 판답게, 부모님 없이 홀로 태어났다고도 하고, 헤르메스와 님프 드리오페 사이에서 태어난 신이라고도 합니다.

판은 산과 들에 살면서 가축을 지키는 일을 했습니다. 그리스 로마 신화의 신들이 인간과 비슷한 모습을 하고 있는 것과 달리 판은 허리에서 위쪽은 사람의 모습이고 허리 아래로는 염소의 모습을 하고 있었습니다. 주름 많은 얼굴에 뿔까지 달려 있어서 숲의 정령인 사티로스와 닮은꼴이었습니다.

피터 폴 루벤스의 〈두 사티로스〉
사티로스는 판과 마찬가지로 사람의 얼굴에 뿔이 나 있고 하반신은 염소의 모습을 하고 있습니다. 술의 신인 디오니소스를 따라다니며 놀기도 하고 때로는 나쁜 장난을 치거나 악한 행동을 하기도 했습니다.

장난끼 넘치는 성격

판이 가축만 돌보며 지루하게 시간을 보낸 것은 아니었습니다. 그는 아주 명랑한 신이었는데, 춤과 음악을 즐겼으며 술과 님프를 좋아했습니다.

알렉산드로 카바넬의 〈에코〉

판은 쉽게 반하고, 쉽게 사랑에 빠지는 성격이었습니다. 그중에는 판이 좋아한 님프 에코도 있었습니다. 에코를 보고 첫눈에 반한 판은 에코의 감정은 나몰라라 한 채 열심히 따라다녔지요.

"에코! 에코! 내 사랑을 받아줘요!"

하지만 에코는 판을 좋아하지 않았기 때문에 달아나기 바빴습니다. 그래도 판이 계속 쫓아다니자 에코는 판에게 들키지 않도록 아예 몸을 숨겨 버렸습니다.

이후에도 님프를 향한 판의 사랑은 계속되었습니다. 이번에는 시링크스라는 님프를 사랑하게 되었지요.

"시링크스, 정말 좋아해요! 내 사랑을 받아줘요!"

하지만 시링크스는 아르테미스를 따르는 님프였습니다. 그러니 판의 사랑고백이 반가울 리 없었지요.

"제발 그만 좀 따라다녀요. 저는 그 사랑을 받아들일 수 없어요."

> **니콜라 푸생의 〈판과 시링크스〉**
>
> 염소 다리를 가진 판이 요정 시링크스를 쫓아가고 있습니다. 시링크스는 판에게 잡히기 직전 갈대로 변해 버립니다. 사랑에 빠진 판의 머리 위에 꼬마 에로스가 보입니다.

시링크스는 판을 피해서 열심히 달아났습니다. 하지만 판은 시링크스의 거절을 받아들이지 않았습니다. 시링크스에 비해서 산과 들을 누비며 동물들과 지냈던 판의 걸음이 더 빨랐습니다. 잡힐 듯 잡힐 듯하던 추격전은 시링크스가 라돈 강에 도착하면서 멈추었습니다.

"강의 님프들이여, 판에게 잡히기 전에 제발 내 모습을 바꿔 줘요!"

시링크스는 강의 님프들에게 모습을 바꿔달라고 애원했습니다. 판이 뒤에서 쫓아오고 있는데 강물이 막혀 더 이상 도망칠 수 없었기 때문이었습니다. 시링크스의 애원을 들은 강의 님프들은 그녀를 강가의 갈대로 변하게 했습니다.

판이 강가에 도착했을 때, 시링크스는 이미 갈대로 변해 버린 후였습니다. 판은 갈대로 변한 시링크스를 보며 슬픔에 잠겼습니다.

"시링크스, 갈대로 바뀌었다고 해도 당신에

에드워드 번 존스의
〈판과 프시케〉
장난기 많고 사람을 놀래키길 좋아하는 판이었지만, 프시케가 에로스를 잃고 슬픔에 빠져 괴로워할 때 위로해 주기도 했습니다.

대한 내 마음은 변하지 않을 거예요."

판은 시링크스에 대한 사랑을 모으는 마음으로 갈대를 꺾어 피리를 만들었습니다. 이것이 이후에 판의 플루트라고 불리게 된 악기의 시작이라고 합니다.

판의 팬파이프

판

1. 다른 신들과는 달리 다리와 뿔, 귀가 염소처럼 생겼습니다.
2. 태어날 때부터 이상한 모습으로 태어나서 버림을 받았습니다.
3. 디오니소스만큼이나 파티와 술, 떠들썩한 분위기를 좋아했습니다.
4. 에코와 시링크스를 좋아해서 열심히 따라다녔습니다.

판은 음악을 좋아해서 악기도 만들었어

음악을 좋아하는 판은 길이가 다른 파이프를 여러 개 묶어 만든 팬파이프를 자주 불었습니다. 팬파이프는 원래 판이 짝사랑했던 님프인 시링크스로부터 유래된 것이지요. 판을 피하다 갈대로 변한 시링크스를 기리며 판은 갈대의 가지를 잘라 악기로 만들었습니다. 이를 시링크스 혹은 판이 만든 파이프라 해서 팬파이프라고 부르게 되었습니다.

팬파이프의 역사

팬파이프는 역사가 아주 오래되었습니다. 파이프 오르간의 가장 오랜 조상이기도 하며, 19세기 초 영국에서는 한때 무척 유행하기도 하였습니다. 이 고대 그리스의 관악기는 모차르트의 오페라 《마술피리》에도 등장하지요. 수다스러운 허풍꾼 새잡이인 파파게노가 갖고 있기도 합니다. 이 때문에 이 악기를 '파파게노의 피리'라고 부르기도 한답니다.

놀라게 하는 건 내 전문이야, Panic

　판은 명랑하다 못해 짓궂은 장난을 치기도 했습니다. 조용하고 나른한 오후에 평화롭게 양을 치고 있던 양치기 앞에 나타나 갑자기 커다란 소리를 내어 양치기를 깜짝 놀라게 하기도 하고, 자연 경관에 빠져 길을 걷고 있는 나그네를 놀라게 해 두려움에 떨게도 했습니다. 또한 잘 자고 있는 사람들의 꿈에 악몽을 불어넣어 공포에 떨게도 했지요. 그래서 지금도 갑작스러운 공포 상태를 '패닉(Panic)'이라고 부르는데, 이는 판의 이름에서 유래된 것이랍니다.

우리가 없다면 더 곤란할걸?
명화 속의 **반인반수**

목소리로 유혹하는 바다 괴물, **세이렌**

해리포터에도 나온 영화배우, **켄타우로스**

반은 인간, 반은 짐승인 반인반수는 신화 속의 신기하고 재미있는 창조물입니다. 이들은 괴물들이나 마녀들처럼 그리스 로마 신화 속 사건들이 진행될 수 있도록 도와주거나, 사건의 재미를 더해 줍니다. 그래서 명화 속 여기저기에 반인반수들이 많이 숨어 있습니다. 그럼 어떤 반인반수들이 미술 작품 속에 숨어 있는지 함께 찾아 볼까요?

판과 꼭 닮은 절친,
사티로스

머리는 황소이고 몸은 사람인 불쌍한 괴물,
미노타우로스

죽음과 삶의 선을 넘나들었던 의술의 신
아스클레피오스

고대 그리스의 명의, 아스클레피오스

코로니스라는 아름다운 공주가 있었습니다. 아폴론은 그녀를 사랑했지만, 그녀가 정말 사랑한 이는 평범한 인간이었습니다. 아폴론은 자신의 사랑이 거절당했다는 것과 배신당했다는 생각에 화가 나서 활을 쏘아 코로니스를 죽였습니다. 코로니스가 죽자 사람들은 장작을 쌓아 화장을 하려고 하였습니다. 그러나 그녀의 몸속에는 아폴론의 아기가 있었지요. 장작에 불이 붙어 타오르는 순간 아폴론은 자신의 선택을 후회하고 코로니스의 몸에서 자신의 아이를 꺼냈습니다. 그 아기가 바로 아스클레피오스입니다.

아폴론은 아들 아스클레피오스에게 의술을 배우게 했습니다. 아스클레피오스에게 의술을 가르친 이는 의술에 뛰어난 켄타우로스 케이론이

아스클레피오스 | 의술의 신 | 로마 이름:아스쿨라피우스 | 영어 이름:애스클리피어스 | 출신:올림포스 신/티탄 신/그 외 | 상징물:뱀 한 마리가 감겨 있는 지팡이, 솔방울, 수탉

었습니다. 케이론 밑에서 배운 아스클레피오스는 아주 훌륭한 의사가 되었지요. 켄타우로스를 선생님으로 모셨기 때문일까요? 아스클레피오스는 주로 나무 열매나 풀을 이용해서 사람들을 치료했습니다.

아픈 사람들을 도와주는 것에 열정이 가득했던 아스클레피오스는 매일같이 열심히 노력했습니다. 그리고 그의 치료법은 날이 다르게 발전했지요. 아스클레피오스의 오랜 노력 덕분에 어느새 그에게서 치료를 받은 환자는 아무도 죽지 않게 되었습니다. 그리고 그의 실력은 급기야 죽은 사람까지 살려내는 경지에 이르렀습니다.

알렉상드르 드니 아벨 드 푸졸의
〈다이아나의 부탁, 히폴리테에게 목숨을 돌려주는 아스클레피오스〉

자신을 숭배한 히폴리테가 죽자 아르테미스는 그를 살려달라고 아스클레피오스에게 부탁합니다. 아스클레피오스는 그녀의 부탁을 들어줍니다.

아스클레피오스의 딸들

아스클레피오스의 집안 사람들은 모두가 의료계에 종사했습니다. 아스클레피오스는 에피오네와의 사이에 두 아들과 네 딸을 두었는데, 아들인 마카온과 포달레이리오스는 트로이아 전쟁에 나가 싸웠고, 네

구스타프 클림트의 〈휘게이아〉

딸들은 아버지를 도와 아픈 사람들을 치료했습니다. 맏딸의 이름은 이아소로 '의료'라는 뜻이고, 둘째 딸의 이름은 판아케아로 '만병통치'란 뜻입니다. 셋째 딸의 이름은 아이글레로 '광명'이라는 뜻을 가지고 있습니다. 막내딸의 이름은 휘게이아인데, 이 이름은 위생학이라는 뜻을 가진 '하이진(Hygiene)'의 어원이 되었습니다.

저승의 신 하데스의 분노

그의 특별한 재능으로 생사를 조절할 수 있게 되었으니, 모든 사람들이 아스클레피오스를 우러르고 찬양하였지요. 하지만 오직 죽음의 신인 하데스만은 그렇지 못했습니다. 그래서 제우스에게 가서 자신의 고충을 털어놓았습니다.

"제우스, 아스클레피오스라는 인간 때문에 골치요. 그 인간이 저승에 올 인간들까지 살려내니 마땅히 해야 할 내 일을 하지 못하고 있소."

"그 말이 일리가 있는 것 같소. 그 인간이 세상의 질서를 어지럽히고 있소."

하데스의 말이 옳다고 생각한 제우스는 벼락을 던져 아스클레피오스를 죽여 버립니다. 그 소식을 들은 아폴론은 화를 참지 못하고 제우스에게 벼락을 만들어준 키클롭스를 죽여 버리고 말지요. 이 일로 아폴론은 벌을 받게 된답니다.

인간사회의 질서를 어지럽힌 벌로 아스클레피오스를 죽이긴 했지

자크 루이 다비드의 〈소크라테스의 죽음〉
소크라테스가 아스클레피오스에게 평온한 죽음을 보장해 주는 독약을 내려준 것에 감사하고 있습니다.

만, 사실 제우스는 그의 치료 능력을 높이 샀습니다. 그래서 그를 하늘의 별자리로 만들고 의술의 신의 자리에 오르게 했습니다.

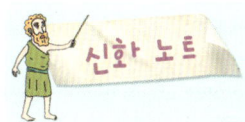

아스클레피오스

1. 아폴론을 아버지로 둔 아스클레피오스는 태어나기도 전에 어머니인 코로니스를 잃었습니다.
2. 아스클레피오스는 켄타우로스인 케이론에게서 의술을 배웠는데, 그 실력이 너무 좋아서 죽은 사람까지 살려낼 수 있었습니다.
3. 아스클레피오스의 의술 때문에 사람이 죽지 않자, 하데스는 제우스에게 말해 아스클레피오스를 죽게 했습니다.
4. 의료를 상징하는 아스클레피오스의 지팡이에는 뱀 한 마리가 감겨 있으며, 비슷한 형태를 띤 헤르메스의 카두케우스에는 뱀 두 마리가 감겨 있습니다.

신전이자 의료기관이었던 아스클레피온

터키에는 2000년 전에 세워진 아스클레피오스의 신전 아스클레피온이 있습니다. 원래는 신전이었지만, 이후 의사이자 해부학자인 클라우디오스 갈레노스가 등장하면서 의료 시설로 명성을 얻게 되었습니다. 마사지와 진흙 목욕, 약초 등을 이용한 다양한 치료 행위가 이루어졌으며, 해몽을 통한 심리 분석 역시 이곳에서 시술되었다고 합니다.

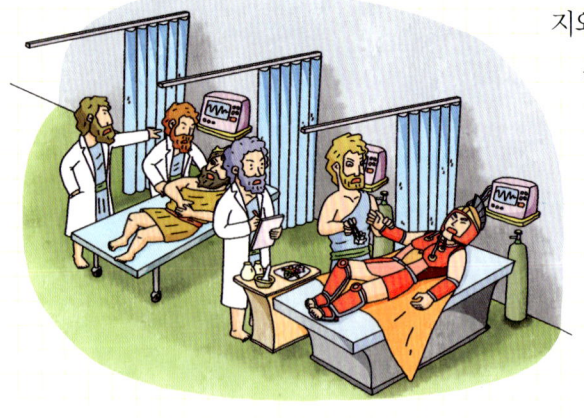

의료의 상징이 된 지팡이

아스클레피오스와 의술의 연관성은 현재까지 이어지고 있습니다. 대표적인 예가 보건 및 위생 분야의 국제협력을 위해 UN이 설치한 전문기구인 세계보건기구인 WHO를 상징하는 문양입니다. 기다란 막대기에 뱀이 따리를 틀고 있는 이 문양 속의 뱀이 바로 아스클레피오스의 뱀이랍니다. 전설에 따르면, 아스클레피오스는 뱀 하나가 다른 뱀의 상처에 약초를 문질러 다시 살아나게 하는 것을 보고 의술을 연구하게 되었다고 합니다. 그래서 아스클레피오스를 상징하는 상징물로 뱀 한 마리가 감겨 있는 지팡이를 사용하게 되었고, 의술과 관련된 단체인 WHO는 아스클레피오스의 지팡이와 뱀을 상징으로 사용하고 있답니다.

고대 그리스의 명의, 히포크라테스

의사가 되면 '히포크라테스 선서'라는 것을 합니다. 히포크라테스는 역사상 가장 유명한 의사이며 의학의 대명사이기도 하지요. 히포크라테스의 집안은 아스클레피오스를 필두로 해서 대대로 의사로서 일해왔습니다. 하지만 당시의 의사는 지금처럼 엄격한 자격요건이 필요하지 않았습니다. 히포크라테스의 경우처럼 대대로 의술에 종사한 가문에서 전수되는 의학 지식을 물려받은 사람들이 의사가 되었으며, 대개는 한 곳에 머물지 않고 여러 지방을 돌며 의술을 펼쳤다고 합니다.

올림포스 신들도 의사는 필요해

아스클레피오스나 히포크라테스가 인간을 치료했다면, 신을 담당한 것은 파이안이었습니다. 신화 곳곳에서 파이안의 모습을 찾아볼 수 있지요. 트로이아 전쟁 때 아테나와 싸우다 부상을 입은 아레스를 치료해 준 것이 파이안이었습니다. 하데스도 파이안의 환자였던 적이 있습니다. 포세이돈의 아들을 도우러 필로스에 왔던 하데스는 헤라클레스의 화살에 맞아 상처를 입습니다. 이때 하데스 역시 올림포스로 가서 신들의 의사인 파이안에게 상처를 치료받았답니다.

누가 진짜야? 같은 일을 하는 신

난 평화가 좋아, 그래서 얼른 이기고 끝내지.
전쟁의 신, 아테나

유능하지, 인기 많지. 태양이 곧 나야. 그러니 태양의 신이 될 수밖에.
태양의 신, 아폴론

정의의 범위는 너무 넓어서 혼자는 힘들어. 그래서 딸과 함께 해.
정의의 신, 테미스

그릇된 짓을 한 자는 반드시 그 죄를 받아야 해.
복수의 신, 네메시스

그리스 신화에서는 같거나 비슷한 일을 하는 신들이 종종 발견됩니다. 하지만 언뜻 같은 일을 하는 것 같아도 자세히 살펴보면 조금씩 다른 부분이 있지요. 어떤 신들이 비슷한 일을 하고 있나 살펴볼까요?

아폴론보다 훨씬 전에 태양을 전담해서 관리했지. 태양마차도 내 것이었어.
태양의 신, 헬리오스

난 전쟁이 좋아. 그래서 계속 싸우고 싶어.
전쟁의 신, 아레스

엄마와 함께 정의와 법을 담당하고 있어. 우리 모녀 말고도 더 있어.
정의의 신, 디케

부모님을 해한 자나 배신을 한 자는 절대로 용서할 수 없어.
복수의 신, 에리니에스

세상의 바람을 조절하는 신
아네모이

서풍의 신, 제피로스

제피로스는 망토 자락에 꽃을 꽂고 날아와서 봄과 생명을 가져다주는 부드러운 바람입니다. 클로리스라는 님프와 사랑에 빠져 결혼을 하였지요. 제피로스는 그녀에게 사랑의 징표로 꽃을 피울 수 있는 권리를 주었답니다. 둘 사이에서 태어난 카르포사는 과일의 신이 되었습니다. 결국 봄바람이 꽃을 피워 과일을 키우게 된 셈이지요.

존 윌리엄 워터하우스의 〈플로라와 제피로스〉
놀라지 마세요. 플로라는 클로리스의 로마식 이름입니다.

아네모이 동서남북의 바람을 다스리는 신들 | 그리스 이름:노토스, 보레아스, 에우로스, 제피로스 | 로마 이름:오스털, 아퀼리오, 불터너스, 파보니우스 | 출신:올림포스 신/티탄 신/그 외 | 상징물:망토(노토스), 구름, 턱수염, 보라색 날개(보레아스), 망토(에우로스), 꽃과 과일, 부드럽고 따뜻한 바람(제피로스)

제피로스는 포다르게라는 하르피이아이와도 자식을 두었습니다. 젊은 여자의 얼굴을 하고 있지만 몸은 새의 모습을 하고 있는 하르피이아이 중에서도 '발이 빠른 여자'라는 뜻의 포다르게와 제피로스 사이에서 태어난 것은 두 마리의 말이었습니다. 말들의 이름은 크산토스와 발리오스였는데요. 인간의 말을 할 줄 알고 불사의 몸을 지닌 아주 특별한 말이었답니다. 게다가 바람과 새의 자식답게 매우 빨랐지요. 또한 이들은 트로이아 전쟁 때 아킬레우스의 마차를 몰기도 하였습니다.

안톤 반 다이크의 〈아킬레우스의 말들〉

제피로스는 여러 신화에서 조연 역할을 톡톡히 합니다. 에로스와 프시케의 사랑 이야기에서는 산꼭대기에서 무서움에 떨고 있는 프시케를 에로스의 성에 데려다 주었고, 아프로디테가 태어났을 때에는 바다 위의 아프로디테를 해안으로 밀어 주었지요.

히아킨토스와 제피로스

제피로스는 아폴론과 히아킨토스 이야기에도 등장합니다. 이 이야기에서 제피로스는 미남 청년인 히아킨토스를 마음 속으로 좋아했습니다. 그러나 히아킨토스는 아폴론의 총애를 받아 항상 아폴론과 함께 생활하고 움직였습니다. 그러니 똑같이 히아킨토스를 좋아하던 제피로스가 질투를 느낄 수밖에 없었습니다.

어느 날 아폴론과 히아킨토스가 원반던지기를 하며 놀고 있었습니다. 아폴론이 히아킨토스에게 원반을 던졌을 때였습니다. 갑자기 바람이 훅 불어와, 원반이 이상한 방향으로 날아가 버렸습니다. 히아킨토스가 서 있는 쪽으로 빠르게 날아간 것입니다. 히아킨토스는 갑작스럽게 날아온 원반을 피

산드로 보티첼리의 〈비너스의 탄생〉
가장 왼쪽에 있는 서풍 제피로스가 바람을 불어 바다 위의 아프로디테를 해안에 밀어 줍니다. 제피로스가 안고 있는 여인은 꽃의 님프인 클로리스입니다.

하지 못하고 그 자리에서 죽고 말았습니다.

아폴론은 자신이 던진 원반에 아끼는 히아킨토스가 죽자 자책감과 슬픔으로 울부짖었지만, 사실은 질투에 눈이 먼 제피로스가 갑작스러운 돌풍이 불게 했고, 그 영향으로 원반이 히아킨토스에게 날아갔던 것입니다. 히아킨토스가 흘린 피는 그 자리에 고여 새빨간 꽃을 피웠습니다.

조반니 바티스타 티에폴로의 〈히아킨토스의 죽음〉

북풍의 신, 보레아스

하얀 턱수염을 지닌 보레아스가 담당한 북풍은 바람 중에서도 가장 힘이 센 바람입니다. 보레아스 역시 그 바람 만큼이나 위세가 대단해서, 그가 보랏빛 날개를 펄럭이며 차가운 바람을 내뿜기 시작하면 그리스에 추운 겨울이 찾아왔다고 합니다.

보레아스는 아테나이의 왕인 에레크테우스의 딸 오레이티아를 사랑하였습니다. 그러나 하얀 턱수염이 싫었던 것인지 추운 바람이 싫었던 것인지 오레이티아는 보레아스를 좋아하지 않았답니다. 하지만 보레아스는 도저히 오레이티아를 단념할 수 없었습니다. 그래서 이리소스 강가에서 춤추고 있던 오레이티아를 구름으로 감싸 납치한 뒤 결혼을

피터 폴 루벤스의
〈오레이티아를 납치하는 보레아스〉
보레아스는 오레이티아를 납치해 자신의 날개 속에 숨겨 데려갑니다. 볼이 빵빵하게 부풀 정도로 바람을 가득 머금은 보레아스, 곧 바람을 내뿜으면 대지가 꽁꽁 얼어붙을 것 같습니다.

감행해 버렸습니다.

보레아스의 부인이 아테나이의 공주이기 때문에 그리스 사람들은 보레아스를 친밀한 신으로 여겼습니다. 그래서 페르시아 함대가 그리스로 쳐들어왔을 때 그리스 사람들은 보레아스에게 도와달라고 빌었습니다.

"아테나이의 공주와 결혼한 보레아스 신이여, 거친 바람을 불어 적들을 물리쳐 주소서."

그러자 보레아스는 돌풍을 일으켰고, 그 여파로 수백 척의 페르시아의 배가 가라앉고 말았습니다. 아테나이 사람들은 이후에도 두고두고 보레아스를 숭배했습니다.

남풍의 신 노토스와 동풍의 신 에우로스

노토스는 따뜻한 남쪽 바람의 신으로, 그가 올 때면 비와 안개가 늘 함께 왔습니다. 로마의 시인인 오비디우스가 지은 〈변신 이야기〉에 따르면 제우스는 타락한 인류를 물로써 멸망시기로 결심하고 비를 몰아오는 노토스를 보냈습니다. 노토스가 구름을 건드리자 폭우가 쏟아지기 시작했고 인류를 멸망시킬 대홍수가 시작되었습니다. 신화에서는 노토스를 물에 젖은 무거운 수염과 물이 뚝뚝 떨어지는 흰 머리카락을 가진 신으로 묘사합니다. 아마도 물을 동반한 바람이라서 그런 모습으로 그려졌던 것이겠지요.

조반니 바티스타 티에폴로의 〈바람들〉

네 명의 주요 바람의 신 외에도 다양한 바람의 신들이 존재했습니다.

에우로스는 동쪽 바람의 신으로 따뜻함과 비를 함께 가져오고 눈을 녹이는 신이었습니다. 풍요를 낳는 신으로 여겨졌지만 갑작스레 비를 퍼부으며 나타났기 때문에 사람들이 그다지 좋아하지 않았답니다.

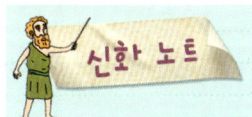

아네모이

1. 아네모이는 노토스, 보레아스, 에우로스, 제피로스로 구성되어 있습니다.
2. 서풍의 신이자 봄바람의 신인 제피로스는 꽃의 님프인 클로리스(플로라)와 결혼해서 과일의 신인 카르포사를 낳았습니다.
3. 보레아스는 차가운 바람의 신으로 보라색 날개를 가지고 있으며, 아테나이의 공주인 오레이티아와 결혼했습니다.
4. 보레아스는 이후 페르시아가 아테나이를 공격하자, 아테나이를 도와 페르시아의 배를 침몰시켰습니다.
5. 노토스는 대홍수를 부르는 신이고, 에우로스는 풍요를 부르는 신입니다.

바람의 신이 사는 섬, 아이올리아 섬

에게 해에 있는 아이올리아에는 아이올로스라는 신이 삽니다. 그는 세상의 모든 바람을 지배하는 신으로 자신의 왕국에 있는 동굴에 바람을 가지고 있다가 신들이 요청할 때 바람을 내보냈습니다. 어떤 바람이 나오느냐에 따라 산들바람이 불기도 하고 거친 폭풍이 불기도 했지요.

오디세우스와의 만남

한번은 트로이아 전쟁을 마치고 집에 돌아가던 오디세우스가 아이올리아 섬에 도착했습니다. 아이올로스는 순풍 이외의 모든 바람이 담겨 있는 자루를 그에게 주었답니다. 오디세우스는 그 자루를 배에 싣고 가면서 순항을 할 수 있었지요. 그런데 오디세우스가 깜빡 잠든 사이 그의 부하가 그 자루를 열어 보고 말았습니다. 그 순간 자루 속에서 역풍이 빠져나와 배는 순식간에 아이올리아 섬으로 되돌아갔습니다. 되돌아온 오디세우스 일행을 보고 아이올로스는 당연히 화가 났지요. 그 후 오디세우스 일행은 아이올로스의 도움 없이 여행을 할 수밖에 없었답니다. 그러니 여행이 정말 오래 걸릴 수밖에 없었겠지요.

사나운 존재는 하피, Harpy!

사람이나 물건이 갑자기 없어지면 하르피이아이의 짓이라고 여겼던 그리스 사람들의 생각에서 '탐욕스러운 여자', '잔인한 여자'라는 의미를 가지는 '하피(Harpy)'라는 단어가 탄생되었습니다. 여자의 얼굴에 새의 몸통을 가진 하르피이아이는 '질풍'을 뜻하는 아에로, '빠른 날개'를 뜻하는 오키페테, '검은 여자'를 뜻하는 케라이노, '발이 빠른 여자'를 뜻하는 포다르게, 이렇게 네 자매를 한꺼번에 이르는 말이랍니다.

독수리도 하피

이런 하피의 특징 때문인지, 독수리 중에서도 하피라는 이름을 가진 종류가 있습니다. 두 개의 관모를 가지고 있는 남미 출신의 이 독수리는 영어로 하피이글(Harpy eagle)이라고 하고, 한국말로는 부채머리 독수리라 부릅니다. 현존하는 맹금류 중에서는 가장 큰데, 나무늘보나 원숭이 같은 커다란 포유류를 주로 잡아먹습니다. 아나콘다 같은 커다란 파충류를 사냥하기도 하지요. 하지만 중남미 숲이 파괴되면서 멸종 위기에 몰려 있답니다.

부채머리 독수리

아네모이 183

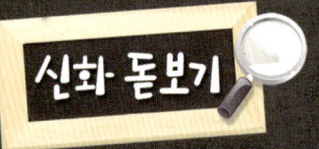

신화 돋보기

밤하늘에는 이야기가 가득!
별자리 이야기

밤하늘에 있는 별자리들 중에는 사연이 있는 것들이 참 많답니다. 안타깝게 죽음에 이른 이들이나 감사한 마음을 전하고 싶을 때, 무언가를 기념하고자 할 때 신들은 그들을 하늘로 올려 보내 별자리로 만들어 주었습니다.

북쪽 왕관자리
인간인 아리아드네가 죽었을 때, 디오니소스는 그녀에 대한 사랑을 영원히 간직하기 위해 그녀의 왕관을 하늘에 올려 별자리로 만들었습니다.

독수리자리
가니메데스를 납치하여 하늘로 데리고 갔던 독수리를 기념해 별자리를 만들었습니다.

궁수자리
독화살을 맞고도 불사신의 몸이라 죽지 못하고 아파하던 케이론은 그 몸을 프로메테우스에게 양보하고 죽습니다. 제우스는 케이론을 불쌍히 여겨 별자리로 만들었습니다.

물병자리
올림포스 신들의 음료인 넥타르 시중을 들었던 가니메데스를 기념하기 위해 만든 별자리입니다.

백조자리
태양마차를 몰다 떨어진 파에톤을 강물 속에서 찾아내 준 키그누스에 감동한 제우스가 그를 백조로 만들어 하늘로 올려 보냈답니다. 키그누스는 백조라는 뜻입니다.

페가수스자리
괴물 키마이라를 물리치고 승리에 도취되어 하늘 끝까지 날아오른 벨레로폰을 본 제우스는 화가 나 그를 땅으로 내동댕이칩니다. 벨레로폰을 태우고 있던 페가수스는 깜짝 놀라 별자리 속에 뛰어들었고, 별이 되었습니다.

쌍둥이자리
사이좋은 쌍둥이 카스토르와 폴룩스 형제의 별자리입니다. 형인 카스토르가 싸움에 휘말려 죽자, 동생이 슬퍼하며 형과 함께 하길 빌었고, 제우스는 그 소원을 들어주어 둘을 별자리로 만들었습니다.

사자자리
헤라클레스가 그의 첫 번째 과업인 네메아의 사자를 맨손으로 죽이자 제우스는 헤라클레스의 승리를 기념해 그 사자를 별자리로 만들었습니다.

잔인한 운명, 영웅의 시작
페르세우스

딸이 낳은 아이가 왕을 죽일 것이다

아르고스에는 아름답기로 유명한 공주 다나에가 있었습니다. 하지만 불행하게도 이 공주는 청동으로 만든 탑에 갇혀 살고 있었습니다. 공주가 탑에 갇힌 이유는 아버지인 아르고스의 왕 아크리시오스에게 내려진 신탁 때문입니다. 다나에 공주가 낳은 아들의 손에 죽게 될 것이라는 내용이었지요. 그 신탁으로 안절부절 못하던 왕은 결국 어떤 남자도 딸에게 접근하지 못하도록 가두어 버렸습니다. 하지만 다나에를 마음에 두고 있는 이는 그 정도로는 막을 수 없는 존재였습니다. 온갖 생물과 무생물로 변신이 가능한 제우스였기 때문이지요.

제우스는 황금비로 둔갑해 청동탑 안에 스며들어 다나에의 몸 위에 내렸습니다. 그 후 다나에는 아기를 갖게 되었는데, 그 아이가 바로

페르세우스 | 메두사를 처치한 영웅 | 로마 이름:페르세우스 | 영어 이름:퍼시우스 | 출신:올림포스 신/티탄 신/그 외 | 상징물:투명투구, 날개달린 샌들, 반사되는 방패

페르세우스입니다. 아무도 출입하지 못하게 가두어 두었던 딸이 임신을 하고 아이를 낳자 아크리시오스 왕은 신탁이 현실이 되고 있음을 알게 되었습니다. 그리고 그 아기가 자신을 죽일지도 모른다는 두려움에 떨었습니다. 차마 자신의 손으로 두 모자를 죽일 수는 없었던 왕은 딸인 다나에와 아기를 나무 상자에 넣어 바다로 띄워 보냈습니다.

나무 상자는 한동안 바다를 떠돌았습니다. 그리고 우연히도 세리포스 섬에 사는 딕티스라는 어부의 눈에 띄었습니다. 애써 건져올린 상자에서 다나에와 아기를 발견한 딕티스는 두 사람이 세리포스 섬에서 살 수 있도록 도와주었습니다. 딕티스의 도움으로 페르세우스는 무럭무럭 자라 어느새 어른이 되었지요.

안토니오 다 코레조 코렛지오의 〈다나에〉

황금비로 둔갑해 다나에 위로 떨어지는 제우스를 사랑의 신 에로스가 받아 들고 있습니다. 할아버지를 죽일 운명을 가진 페르세우스는 이렇게 잉태되었습니다.

존 윌리엄 워터하우스의 〈다나에〉
다나에를 구한 딕티스는 페르세우스와 다나에를 핍박한 폴리덱테스와 형제입니다.

페르세우스와 다나에가 자리를 잡은 세리포스 섬에는 폴리덱테스라는 못된 왕이 있었습니다. 그는 아름다운 다나에에게 반해 결혼해달라고 졸랐습니다. 그러나 다나에는 결혼할 마음이 없었지요. 평소라면 어떻게든 자기가 원하는 것을 얻어낼 폴리덱테스 왕이지만, 다나에의 옆에는 듬직한 아들 페르세우스가 있었습니다. 폴리덱테스 왕은 페르세우스를 눈엣가시처럼 여겼고, 어떻게든 다나에의 곁에서 떼어놓고 싶었습니다. 그리고 오랜 고민 끝에 페르세우스를 내쫓을 꾀를 생각해냈습니다. 폴리덱테스 왕은 온 나라에 명을 내렸습니다.

"이웃나라 공주와 결혼하니 백성들은 내게 말을 바쳐라."

페르세우스와 다나에에게는 마른 하늘에 날벼락과 같은 명령이었습니다. 두 모자의 집은 너무도 가난해서 도저히 말을 마련할 수 없었기 때문입니다. 말을 바치지 못하자, 폴리덱테스 왕은 말 대신 메두사의 머리를 가져오라고 명령합니다.

메두사와의 대결

원래 아름다운 처녀였던 메두사는 한때의 실수로 아테나의 저주를 받고 괴물이 되어 버립니다. 그 이후 탐스러운 머리카락이 모두 꿈틀거리는 뱀으로 변해 버린 메두사를 정면으로 직접 본 사람은 몸이 굳어 누구든 돌이 되어 버렸습니다. 이런 상황을 잘 알고 있던 폴리덱테스 왕은 페르세우스가 절대로 돌아오지 못할 것이라고 생각했습니다.

에드워드 번 존스의 〈페르세우스와 그라이아이〉
그라이아이는 아주 해괴한 모습을 한 노파들입니다. 그들은 태어날 때부터 노파의 모습을 하고 있었으며 눈과 이가 하나밖에 없었답니다. 그래서 눈과 이를 돌려가며 썼습니다.

"게다가 누가 메두사가 있는 곳을 안단 말인가!"

메두사에 대한 무서운 소문은 무성했지만, 정확한 위치를 아는 사람은 없었습니다.

고민에 빠져 있는 페르세우스를 도와준 것은 아테나였습니다. 아테나는 페르세우스에게 얼굴을 비추면 거울처럼 모습을 반사시키는 청동방패를 주며 말했습니다.

"고르곤의 위치는 오직 그라이아이만이 알고 있단다."

페르세우스는 아틀라스 산맥 아래에 살고 있는 그라이아이 자매를 찾아갔습니다. 그리고 한참을 숨죽여 기다렸다가 세 자매 중 하나가 쓰던 이와 눈을 빼어 다른 자매에게 건넬 때를 기다려 그 눈과 이를 빼앗았습니다.

"나에게 메두사가 있는 곳을 알려 주면 이와 눈을 돌려주마."

공격을 하려 해도 눈이 없어 보이지 않았고, 물어뜯을 이도 없었던

안토니오 카노바의 〈페르세우스〉

하데스의 투구 퀴에네를 쓴 페르세우스가 메두사의 머리를 들어 승리를 자랑합니다. 이 순간에도 페르세우스는 메두사의 눈을 정면으로 바라보지 않았습니다. 이미 죽었지만, 메두사의 얼굴은 여전히 엄청난 힘을 지니고 있었기 때문입니다.

세 자매는 어쩔 수 없이 메두사가 있는 곳을 알려 주었습니다.

메두사가 있는 곳을 알아내기는 했지만, 메두사에게 맞는 무기도 필요했습니다. 이때도 역시 헤르메스와 아테나가 페르세우스를 도왔습니다. 페르세우스는 날개가 달린 샌들과 메두사의 목을 담을 자루, 머리에 쓰면 투명 인간이 되는 하데스의 투구, 강철로 된 도끼를 빌릴 수 있었습니다.

날개가 달린 샌들로 메두사가 있는 서쪽 끝의 동굴까지 날아간 페르세우스는 투명 인간이 되는 투구를 쓰고 살금살금 동굴 안으로 들어갔습니다. 그리고 청동 방패에 메두사의 모습을 비춰 직접 보지 않은 채 다가가 단숨에 메두사의 머리를 베어 버렸습니다. 그러고는 메두사의 머리를 자루에 넣어 나왔습니다.

안드로메다를 구출한 페르세우스

메두사를 퇴치한 페르세우스는 어머니인 다나에가 있는 세리포스 섬을 향해 날아갔습니다. 에티오피아 해안을 지날 무렵이었습니다. 파도가 심하게 치는 바닷가의 바위에 한 아가씨가 쇠사슬에 감겨 있는

피에르 미냐르의
〈안드로메다를 구출하는 페르세우스〉
바다 괴물로부터 안드로메다를 구한
페르세우스에게 안드로메다의 부모가
고마움을 표시하고 있습니다.

것을 발견했지요. 무척 아름다웠던 그 아가씨는 에티오피아의 공주인 안드로메다였습니다.

공주인 안드로메다가 그곳에 묶여 있었던 데는 이유가 있었습니다. 그녀의 어머니인 카시오페이아 왕비 역시 무척 아름다웠는데, 자신의 아름다움에 콧대가 높아진 왕비가 바다의 신 네레우스의 딸들인 네레이스보다 자신이 더 아름답다고 말해 버렸던 것입니다.

이 말을 들은 포세이돈은 기분이 무척 상했습니다. 포세이돈의 아내인 암피트리테가 바로 네레이스였기 때문이지요. 성격이 불같고 용서를 모르는 신 포세이돈은 괘씸한 인간을 혼내기 위해 해일을 일으키고 무서운 괴물을 보내 에티오피아 백성들을 괴롭혔습니다.

자신의 왕국에 이런 일이 일어나자 안드로메다의 아버지인 케페우스 왕은 어떻게 하면 좋을지 신전에 가서 물었습니다.

"네 딸 안드로메다를 제물로 바쳐라."

잔인한 신탁에 왕과 왕비는 눈물로 괴로워했지만, 결국 자신의 왕국과 국민들을 위해 사랑하는 딸을 제물로 바치기로 결정했습니다.

공주의 아름다움에 첫눈에 반했던 페르세우스는 그 사연을 듣고 왕에게 청했습니다.

"제가 공주를 구하면 그녀와 결혼하게 해 주십시오."

공주를 살린다는데, 마다할 이유가 없었던 케페우스 왕은 그러겠노라고 대답했다.

페르세우스는 바위 그늘에 숨어 괴물이 나타나기를 기다렸습니다. 오래 지나지 않아 바다에 거친 파도와 소용돌이가 일더니 괴물이 나타났습니다. 날개달린 샌들을 신은 페르세우스는 재빨리 괴물 위로 날아올라가 강철로 만든 칼을 휘둘러 괴물의 머리를 내리쳤습니다.

메두사도 벤 칼이니 바다괴물이야 식은 죽 먹기였습니다. 단숨에 괴물을 처치한 페르세우스는 안드

귀스타브 도레의
〈바위에 묶인 안드로메다〉

파도 사이에서 바다괴물의 모습이 보입니다. 안드로메다의 표정과 동작에서 그녀가 얼마나 공포에 질려 있는지 느낄 수 있습니다.

세바스티아노 리치의
〈피네우스에게 메두사의
머리를 들이미는
페르세우스〉

로메다와 결혼식을 올리기로 하고, 에티오피아의 왕궁의 축하 파티에 참석했습니다. 그런데 갑자기 안드로메다의 약혼자였던 피네우스가 군사를 이끌고 왕궁으로 쳐들어왔습니다.

"공주는 나와 이미 결혼을 약속했소!"

안드로메다가 위험에 처했을 때는 모른 척 하더니, 괴물이 사라지고 나자 다시 욕심이 났던 것입니다. 피네우스가 군사들과 함께 페르세우스를 공격하려는 순간, 페르세우스가 외쳤습니다.

"나의 편은 모두 고개를 돌리시오!"

그리고는 자루에서 메두사의 머리를 꺼내 높이 들어 올렸습니다. 페르세우스의 말을 비웃으며 고개를 돌리지 않았던 피네우스와 그 군사들은 모두 돌로 변하고 말았습니다.

고향으로 돌아가는 페르세우스

피네우스까지 물리친 페르세우스는 안드로메다와 결혼해서 어머니 다나에가 있는 세리포스 섬으로 돌아갔습니다. 페르세우스가 떠난 뒤로 다나에는 갖은 고생을 다했습니다. 아들이 없으니 폴리덱테스 왕은 다나에를 집요하게 따라다니며 괴롭혔고, 결국 신의 제단으로 피신하기는 했지만 제대로 먹지도 쉬지도 못해 굶어 죽기 직전의 상황이었지요.

화가 난 페르세우스는 폴리덱테스 왕을 찾아갔습니다.

"자, 여기 당신이 말한 메두사의 머리요!"

페르세우스가 꺼내든 메두사를 머리를 본 폴리덱테스 왕은 그 자리에 선 채 돌이 되고 말았습니다. 난폭한 왕을 처리한 페르세우스는 은혜를 입었던 어부 딕티스를 세리포스 섬의 왕으로 추대했습니다. 그리고 어머니인 다나에, 아내인 안드로메다와 함께 고향인 아르고스로 향했습니다. 하지만 아크리시오스 왕은 페르세우스의 소식을 듣고 절망했습니다.

"이럴 수가! 그놈이 살아 있었다니!"

아크리시오스 왕은 혹시라도 페르세우스가 자신을 죽일까 두려워 스스로 왕궁을 벗어나 한창 운동경기가 열리고 있는 라리사라는 곳으로 가 몸을 숨겼습니다. 마침 라리사를 지나던 일행이 또 하나 있었습니다. 바로 페르세우스였지요. 페르세우스는 우연히 원반 경기에 참가하게 됩니다. 페르세우스 차례가 되어 원반을 던졌는데, 잠깐의 실수로 원반이 그만 관중석으로 날아가 버리고 맙니다. 원반은 그대로 경기를 보고 있던 한 노인을 맞혔습니다. 그리고 노인은 그 자리에서 죽고 말았지요.

"누구 이 사람을 아는 사람 없습니까?"

사고를 수습하기 위해 아는 사람을 찾았지만, 그 누구도 대답해 주는 사람이 없었습니다. 아는 사람 하나 없던 그 노인은 바로 페르세우스의 외할아버지인 아크리시오스 왕이었습니다. 죽음을 피해 왕의 자리도 내어놓고 라리사로 숨었지만, 외손자인 페르세우스가 던진 원반에 맞아 목숨을 잃은 것입니다. 이렇게 해서 딸이 낳은 아들에게 죽을 것이라는 신의 예언은 현실에서 이루어지고 말았습니다.

메두사에게는 사람을 끌어당기는 강한 힘이 있었습니다. 한 패션 브랜드 회사는 메두사의 그 힘을 상표에 이용했습니다.

 신화 노트

페르세우스

1. 제우스와 인간 다나에의 아들이며, 헤라클레스의 조상입니다.
2. 외할아버지를 자신의 손으로 죽일 운명을 가지고 태어났으며, 결국 그 운명에서 벗어나지 못하고 실수로 외할아버지를 죽이게 됩니다.
3. 폴리덱테스 왕의 음모에 빠져 메두사를 처리해야 하는 임무를 받게 됩니다.
4. 포세이돈을 노하게 한 벌로 바다괴물의 제물로 바쳐졌던 안드로메다 공주를 구하고, 그녀와 결혼합니다.

그리스 로마 신화의 작가는 누구?

사람들은 지금까지 남아 있는 그리스 문학 작품 중 최고의 작품으로 호메로스의 〈일리아드〉와 〈오디세이아〉를 꼽습니다. 다양한 신들과 영웅들이 구성한 웅대한 이 장편서사시는 그리스 신화의 원전으로 평가받기도 합니다. 호메로스에 대해서는 눈이 보이지 않는 작가라는 이야기도 있고, 그 존재 자체가 수수께끼라는 이야기도 있습니다. 또한 호메로스는 한 명이 아니라 여러 명의 인물이라는 이야기도 있습니다. 사실, 호메로스의 이야기들은 입에서 입으로 전해지다, 기원 전 6세기가 되어서야 문자로 정리되었으니 아주 틀린 이야기는 아닐 것입니다.

귀스타브 모로의 〈헤시오도스와 무사이〉

낮에는 농부, 밤에는 작가였던 헤시오도스

호메로스와 함께 그리스가 낳은 2대 시인으로 꼽히는 헤시오도스는 〈신통기〉를 통해 신화의 세계를 문장으로 기록하고, 체계화했습니다. 헤시오도스의 〈신통기〉는 오늘날 그리스 신화의 기초가 된 책이지요. 헤시오도스는 〈신통기〉에서 "예술을 담당하는 아홉 명의 여신 무사이에게서 아름다운 노래를 배웠다."라고 말하며, 자신이 신화 속 이야기를 정리하고 글로 남길 수 있게 된 것에 대한 공을 무사이에게 돌렸습니다.

가을 밤하늘에서 만나는 영웅과 미녀

밤하늘을 올려다보면, 많은 별들이 보이지요. 자세히 보면 신화의 이야기와 인물들을 담은 별자리들을 많이 볼 수 있습니다. 또한 멀리서 반짝이는 외부은하들도 볼 수 있지요.

우리나라에서 사람의 눈으로 볼 수 있는 가장 먼 천체는 안드로메다 은하입니다. 페르세우스가 바다 괴물에게서 구했던 에티오피아의 공주 이름과 같은 이 은하는 지구에서부터 약 200만 광년 떨어진 곳에 존재하고 있습니다. 우리가 속해 있는 은하보다 1.5배 정도 크며, 수천억 개의 별들로 구성되어 있지요. 이 은하를 처음 기록한 사람은 10세기의 페르시아 인 알 수피이고, 처음 관측한 사람은 에드윈 허블로 1923년의 일이랍니다.

페르세우스의 별자리

밤하늘에는 안드로메다의 짝 페르세우스도 있습니다. 페르세우스 별자리 역시 육안으로 볼 수 있는 우리나라의 가을밤 별자리입니다. 페르세우스는 메두사를 처치하고 안드로메다를 구하는 과정에서 헤르메스와 아테나의 도움을 많이 받았지요. 영웅을 좋아했던 아테나는 인간인 페르세우스 죽고나자 그를 하늘에 올려 별자리로 만들었습니다.

안드로메다 은하

신화 돋보기

영웅들의 아버지, 제우스의 특별한 변신

백조로 변신한 제우스
스파르타의 왕 틴다레오스의 왕비인 레다에게 접근할 때, 제우스는 백조로 변신했습니다. 둘 사이에서 트로이 전쟁의 원인이 되는 헬레네가 태어났습니다.

황소로 변신한 제우스
제우스는 황소로 변해 에우로페를 태우고 바다를 건너기도 했습니다. 에우로페가 도착한 곳을 그녀의 이름을 따서 유럽이라 부르게 되었지요.

아르테미스로 변신한 제우스
아르테미스를 따르는 님프 칼리스토에게 접근하기 위해 제우스는 아르테미스로 변신하여 칼리스토가 방심하게 만들었습니다.

제우스는 올림포스 신들의 세계에서 둘째가라면 서러울 바람둥이였습니다. 제우스의 바람에 질투의 여신이 되어 버린 헤라가 한시도 눈을 떼지 않자, 제우스는 급기야 변신을 하기 시작했습니다. 그리고 제우스의 다양한 변신 모습을 많은 화가들이 그림으로 남겼습니다.

그럼, 명화 속에서는 제우스를 어떻게 표현하고 있는지 한 번 살펴볼까요?

알크메네의 남편으로 변신한 제우스
알크메네의 남편인 암피트리온이 전장에 나갔을 때, 제우스는 알크메네와 사랑을 나누기 위해 암피트리온의 모습으로 변신하여 접근합니다. 둘 사이에서 하늘 아래 최고의 영웅이라 불리는 헤라클레스가 태어났습니다.

검은 구름으로 변신한 제우스
여사제인 이오에게 접근할 때, 제우스는 누구인지 알기 어렵도록 검은 구름으로 변신했습니다. 헤라가 이를 알아채자 제우스는 이오를 흰 암소로 둔갑시켜 버렸지요.

황금비로 변신한 제우스
아크리시오스는 외손자에 의해 죽는다는 예언을 듣고 딸 다나에를 청동탑에 가두어 버렸습니다. 다나에의 미모에 대한 소문을 들은 제우스는 황금비로 변신해 청동탑으로 들어가 다나에와 사랑을 나누고, 페르세우스를 탄생시킵니다.

초판 1쇄 발행 2013년 2월 15일

저　자 | 조규미
그　림 | 김민우

발 행 인 | 신재석
발 행 처 | (주)삼양미디어
등록번호 | 제 10-2285호
주　소 | 서울시 마포구 양화로 6길 9-28
전　화 | 02 335 3030
팩　스 | 02 335 2070
홈페이지 | www.samyangm.com

ISBN | 978-89-5897-247-1(64890)
ISBN | 978-89-5897-246-4((세트))

* 이 책은 저작권법에 따라 보호받는 저작물이므로 무단전재와 복제를 금합니다.
* 이 책의 전부 또는 일부를 이용하려면 반드시 저작권자와 (주)삼양미디어의 동의를 받아야 합니다.
　잘못된 책은 구입하신 서점에서 바꾸어 드립니다.